ステルス支配の核心はイギリスフリーメイソン

日本原住民はなぜ搾取/征服され続けるのか!?

Why do native Japanese people continue to be exploited and subjugated?

［著］世界大統領

World president

イギリス・フリーメイソンの活動目的とは一体何であるのか?

それは『世界中の〝ゴールド(黄金)〟を略奪する』ところにある。

1500年代末期の豊臣秀吉による朝鮮出兵も、その後に建てられた徳川幕府の〝徳川〟の名の由来も、全てはここにある。

この北朝鮮の平安北道にある徳川市の近くの、北鎮にあるアジア最大の金鉱の〝雲山金鉱〟を狙って、豊臣秀吉の朝鮮出兵は行われ、徳川幕府の〝徳川〟の名もここから名付けられたのだ。

そんなイギリス・フリーメイソンにも宿敵が存在している。

それはアメリカ・フリーメイソン（イルミナティー、DS）である。

（世界には〝アメリカ・フリーメイソン〟と〝イギリス・フリーメイソン〟との2大フリーメイソンしか存在しない）それ故に、イギリス・フリーメイソン（侵略者）とアメリカ・フリーメイソン（原住民）とは、それぞれの存在意義が全く正反対である為に、序章で述べたアメリカ独立戦争やアメリカ南北戦争などを通して幾度となく大きな対立を繰り返して来ている。

そのイギリス・フリーメイソンの真の本拠地とは、実は〝スイス〟なのだ。

〝スイス〟こそが陰謀論で出て来るユダヤ人国家の〝ハザール帝国〟のことである。

鄧小平の時代に香港（台湾）の代替都市として、イギリス・フリーメイソンによって作られた〝深圳市〟であるが、その資金の拠出は全て日本政府が行った。

この当時の日本の首相である福田赳夫が深圳市建設の資金の拠出を行ったことから、この深圳市の中心区の名前は、福田赳夫を記念して〝福田区〟となっている。

また、この時に、同じく福田赳夫によって自民党の派閥である〝清和会〟が作られている。香港（台湾）の返還を巡って、香港（台湾）の代替都市として深圳市への拠出資金を確保したり、官製人身売買の隠喩である「パンダ外交」の取り決めを中国側としたことから、中国（清）と日本（和）を記念して〝清和会〟が作られたのだ。

イーロン・マスクの真の正体とは、一般に言われている企業家ではなく、イギリスの諜報機関MI6の上級諜報員である。彼がトランプに対して巨額政治献金を行ったのは、アメリカを極悪なる世界征服のため完全にイギリス（スイス）の支配下に置くためである。世界政治の中心となるアメリカ大統領にトランプを確実に当選させる目的で巨額の政治献金を行ったのだ。トランプは本来ならばアメリカのドイツ系移民でニューヨーク出身であるためにアメリカ・フリーメイソンの地位を有すが、トランプは精神疾患（自己愛性人格障害）を有すためにアメリカ・フリーメイソンの資格は与えられずにイギリス・フリーメイソンの資格となっている。

イギリス・フリーメイソンによる大統領の暗殺や拘束、世界中の戦争の画策など、一体誰が考案しているのかというと、それはイギリス・フリーメイソンの中枢であるイギリスの諜報機関のＭＩ６である。

一般に諜報機関として有名なのはアメリカのＣＩＡであろう。

このＣＩＡとは戦後のアメリカを支配するために、イギリスＭＩ６が１９４７年に当時のイギリス・フリーメイソンのアメリカ大統領であったトルーマンに設立させた組織であり、実際はアメリカ単独の組織ではない。

アメリカ・フリーメイソンの重要人物であるビル・ゲイツも、2014年6月にアメリカ・フリーメイソンの長であったデービッド・ロックフェラーの次男が飛行機の事故に見せかけて暗殺された時期に、イギリス・フリーメイソンによって暗殺されている。現在のビル・ゲイツは、こちらもイギリス・フリーメイソンが用意した本物ビル・ゲイツにそっくりな〝偽物〟である（2014年6月のデービッド・ロックフェラーの次男の死とは、暗にビル・ゲイツの暗殺を示唆していたのだ。デービッド・ロックフェラーとはアメリカ・フリーメイソンの長であり、ビル・ゲイツはその管財人であった）。

明治維新を引き起こしたイギリス人武器商人のトーマス・グラバーの血を岸信介の一族に入れ、イギリス人と在日北朝鮮人との混血を作ったのだ。

そして、そのトーマス・グラバーの血縁が入った岸信介の一族に、今度は長年敵対関係にあった長崎の隣町の、江戸幕府側の佐賀県の鍋島家を乗っ取り、その鍋島家の娘を李王朝へ嫁がせて、結婚させ李王朝の血筋を、岸信介らの穢れたイギリス・フリーメイソン（ユダヤ）の血筋とこれまた混ぜたのだ。

そうして、李王朝と、イギリス・フリーメイソンの岸信介の一族の血縁に染色された鍋島家との間に子供を作り、その交配によってできた子孫が安倍晋三の父・安倍晋太郎であり、安倍晋三であるのだ。

安倍晋三とその父・安倍晋太郎に〝晋〟の文字があるのは、これは李王朝側の土地である韓国・慶尚南道〝晋州〟を表しており、この〝晋〟の文字とは彼らが李王朝の子孫であるということを指し示しているのだ（晋三とは李王朝乗っ取りから〝三代目〟という意味である）。

それ故に、安倍晋三も金正恩同様に、アメリカ・フリーメイソンとしての側面と、イギリス・フリーメイソンとしての側面とが存在しているということなのだ。

日本人にとって最も近い宿敵とは、ユダヤ側の勢力の日本政府や自民党、天皇などの日本の異邦人である〝在日朝鮮人〟であるが、この在日朝鮮人を日本でこき使っているのは、白人組織のイギリス・フリーメイソンの執政機関であるMI6とCIAである。

そのため、日本人は、日本人の政敵であるユダヤ側の〝在日朝鮮人〟の脅威と、これを支配するMI6とCIAとの〝白人〟の脅威とを認識し、排除する必要があるのだ。

カバーデザイン　森　瑞（4Tune Box）
本文仮名書体　文麗仮名（キャップス）

はじめに　永遠の侵略 その構造《システム》を解析する

現在、世界を主導しているのは、実のところかの大国であるアメリカではない。イギリスである。

イギリスは大航海の時代を経て、アメリカ大陸、アフリカ大陸、インド、中国へ進出し、その過程でその地域のそれぞれの国々を乗っ取り支配下に入れて来た。

そして、そのイギリスによる国家侵略の名残として、現在も世界各地にイギリスの支配国の連邦である〝イギリス連邦〟が存在している。

このイギリスによる国家侵略とは、もちろん、日本も例外ではなく、日本はイギリスが仕組んだ日本崩壊のユダヤ革命である明治維新によりイギリスの支配下に置かれ、今日の日本政府が形成されることとなった。

また、アメリカに於いても、アメリカは1776年の独立の時から、アメリカ独立戦争、アメリカ南北戦争など幾度もイギリスの侵略に遭ってきた、第二次世界大戦終戦の1945年以降は完全にイギリスの支配下に置かれ、アメリカもまた日本と同じく、イギリスの

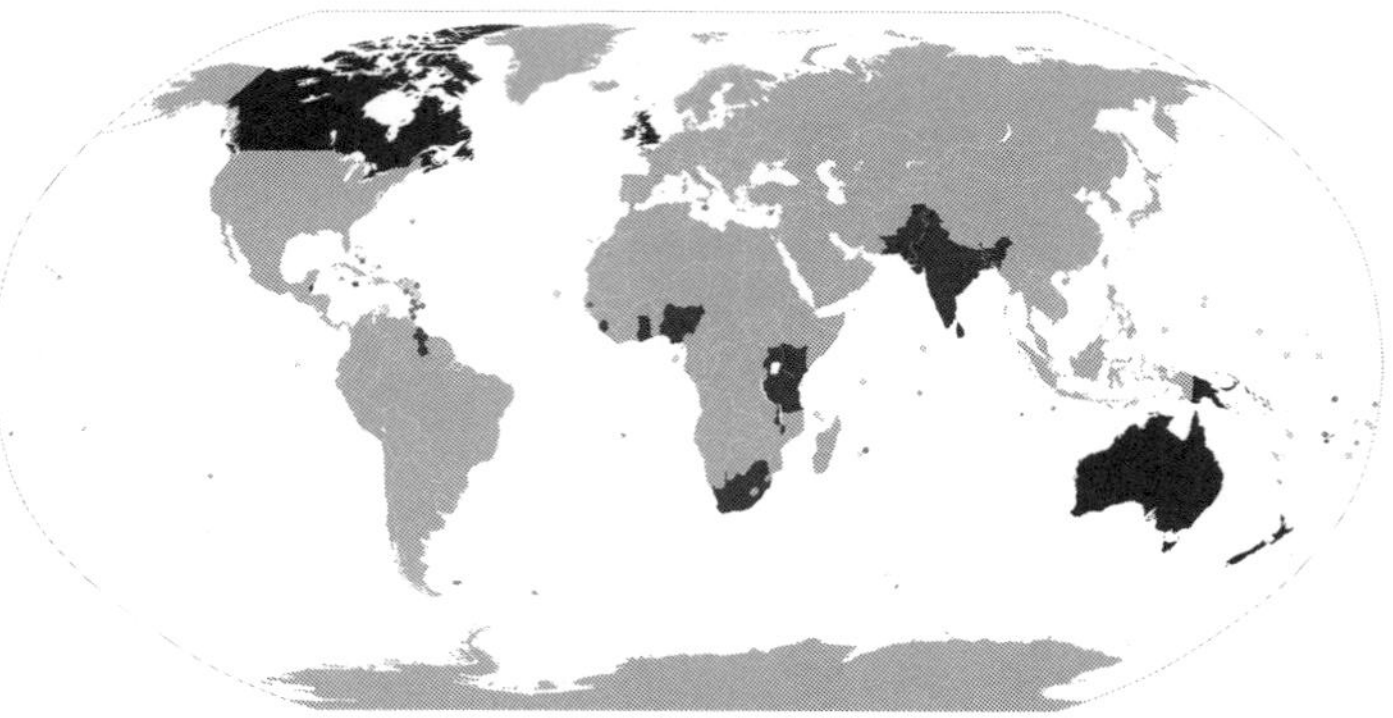

世界征服の野望のために世界中に存在するイギリス連邦

支配下にある今日のアメリカ合衆国はイギリスの支配下の中で存在している。

では、そのイギリスの目的とは一体何なのか。

それは全世界をイギリスの支配下に置くことであり、究極に据えている目的なのだ。

最近では中東のパレスチナに於いてイスラエルによる侵略戦争が繰り広げられているが、この極悪ユダヤ教を国教とするイスラエルを建国させたのも、かの世界征服を企むイギリスであり、また、２０１９年に香港で民主化を口実に大暴動（テロ）を引き起こさせたのも、香港の旧宗主国であるイギリスが、その香港の利権を主張して引き起こしたテロであったのだ。

本書ではそのイギリスの邪悪な本性とその正体を〝フリーメイソン〟と〝ユダヤ教〟に着眼しながら暴きつつ、明治維新から日本が建国された経緯と、現在の日本と全世界の政治に関して触れながら解説を行いたいと思う。

目次

第六章　広島原爆と長崎原爆の真相

第十一章　驚くべき〝偽物〟の指導者ばかりの現代ロシア史、現代中国史

第十二章
イギリス・フリーメイソンが日本や世界で行っているインチキ政治

第十三章 極悪イギリス・フリーメイソンに支配されている日本

第十四章 イギリス・フリーメイソンの正体とは地球を侵略する極悪宇宙人〝グレイ〟である

第一章

外国人（異邦人、侵略者）の秘密集団としてのイギリス・フリーメイソン

全世界を侵略するイギリス・フリーメイソン

フリーメイソンという言葉を聞いたことがある読者も多いと思われる。

フリーメイソンとは一体何なのかというと、1つの定義には〝秘密結社〟としての総称であり、2つ目の定義としては〝侵略者、異邦人〟が挙げられる。

この〝侵略者、異邦人〟の意味とは、文字通り、一国を海外から侵略する〝外国人（異邦人）〟のことである。

そして、この〝侵略者、異邦人〟の言葉をいい換えた言葉が〝ユダヤ〟である。

つまり、ユダヤ＝フリーメイソンであることが分かり、このフリーメイソンとは「異邦人（外国人）の秘密集団」であるということが分かる。

この〝異邦人（侵略者）の秘密集団〟が、現在のイギリスの母体（国体）であり、日本の母体（国体）であるのだ。

この〝外国人（異邦人、侵略者）の秘密集団〟こと『イギリス・フリーメイソン』が世界中の国々を侵略し、その規模を大きくして行っているのだ。

フリーメイソンの構成員

フリーメイソンとは〝異邦人（侵略者）の秘密集団〟であることが分かった。

では、具体的にどのような人々の〝秘密集団〟であるのか？

それは〝大工〟やヤクザ、マフィア、海賊、山賊などの反社会的な集団がフリーメイソンであるのだ。

今となっては腕時計や自動車などにも住宅を超える資産価値があるものも多くなっているが、その昔、人々の暮らしの中で一番資産価値が高いものとは〝家（住宅）〟であった。日本でもヨーロッパでも各都市には、昔の大名や王様が住んでいた〝お城〟があるように、一昔前までは、家の大小で人々の資産状況を把握することができたのだ。

そして、フリーメイソンはその集団の規模を大きくするに当たり、人々の資産を知る必要があった。

フリーメイソンは人々の資産状況を把握している人物として、住宅を管理する〝大工〟に目を付け、その〝大工〟から人々の資産情報を得てターゲットを暗殺するなどして、資産の略奪を繰り返し、その規模を大きくして行ったのだ。

姫路城

ヴェルサイユ宮殿

それ故に、（イギリス）フリーメイソンとは非常にいかがわしく、邪悪な社会集団（反社会的集団）であると言えるのだ。

註　フリーメイソンはヤクザやマフィアの他にも、学術にも長けており、フリーメイソンは〝文〟と〝武〟の両方を駆使して世界征服を行っていく。また、全世界に置かれている大学もフリーメイソンの機関であり、フリーメイソンはこの大学を利用して世界征服の謀略を立てることも多い。

イギリス・フリーメイソンの活動目的

では、イギリス・フリーメイソンの活動目的とは一体何であるのか？

それは『世界中の〝ゴールド（黄金）〟を略奪する』ところにある。

既述の通り、イギリスはかつて中国でアヘン戦争、日本では明治維新を仕掛け、それぞれの国から莫大な〝富（金塊）〟を略奪して来た。

最近では、2000年代のイラクのフセイン元大統領の大量の金塊などの財産を、戦後はイギリスの国軍となっているアメリカ軍（南軍）が略奪する画像が出回っていたように、

フセインの金塊

イギリス・フリーメイソンは特に〝金塊〟の略奪に執着する。

なぜ、イギリス・フリーメイソンは〝金塊〟に対して執着するのかというと、地球上で最も資産価値が崩れないものが〝鉱物〟だからだ。

庶民レベルでは〝紙幣〟が〝お金〟であるが、この紙幣とは実際のところ、一枚当たりの実単価は数円にしかならず、本当の意味での〝資産価値〟が認められるものではない。

それ故にフリーメイソンは、本当の意味で資産価値がある〝黄金（ゴールド）〟を世界中から略奪することで、フリーメイソンの地球上での絶対的地位を固め、全世界を支配下に収めて行こうとするのだ。

アジア最大の北朝鮮の金鉱「雲山金鉱」を略奪しようと満州国を建国したイギリス・フリーメイソン（日本政府）

実は北朝鮮にはアジア最大の金鉱と言われている〝雲山金鉱〟と呼ばれる金鉱が存在している。

1500年代末期の豊臣秀吉による朝鮮出兵の理由も、その後に建てられた徳川幕府の〝徳川〟の名の由来も、全てはここにある。

この北朝鮮の平安北道にある徳川市の近くの、北鎮にあるアジア最大の金鉱の〝雲山金鉱〟を狙って、豊臣秀吉の朝鮮出兵は行われ、徳川幕府の〝徳川〟の名もここから名付けられたのだ。

アジア最大級の雲山金鉱について書かれた書籍

そして、時が経ち、明治維新後に日本政府がこのアジア最大の〝雲山金鉱〟近くに満州国を建てていたのも、イギリス・フリーメイソンの政敵であるアメリカ・フリーメイソンの中華民

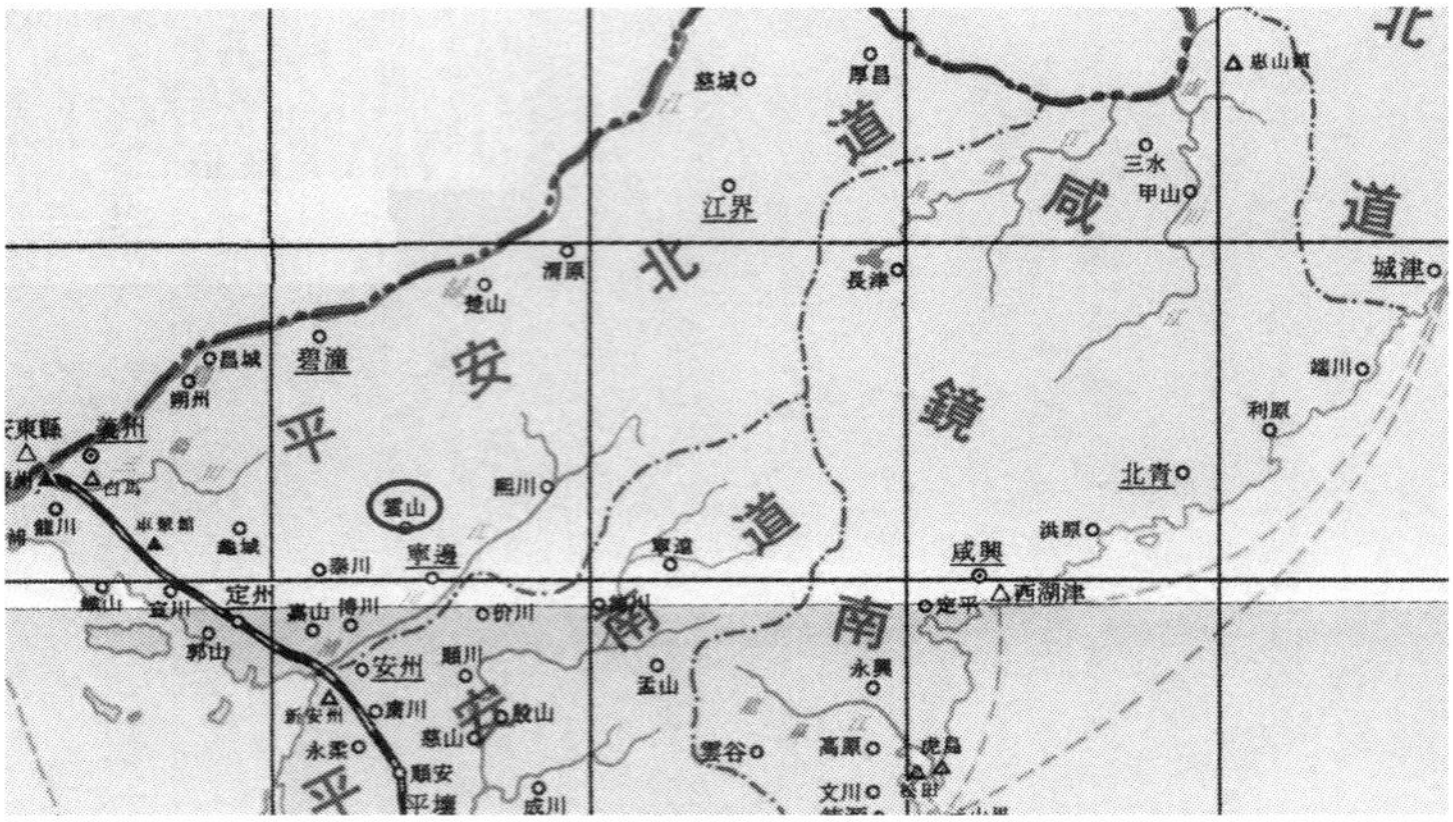

北朝鮮平安北道の雲山金鉱の位置

国やロシアに、この〝雲山金鉱〟に手を出させないようにと、緩衝地として満州国を作ったのだ。
そして、イギリス・フリーメイソンが日本侵略の拠点とした山口県田布施《たぶせ》町の被差別部落の在日北朝鮮人で、明治天皇になったとされる大室寅之助が「まんじゅう作りに行ってくる」といい残し、この集落から失踪していた。〝まんじゅう〟とは、お菓子の饅頭のことではなく、イギリス・フリーメイソンが欲する〝雲山金鉱〟一帯の〝満州〟のことを指して「満州を作りに行ってくる」と言っていたのだ。

註　江戸時代、日本の経済は黄金期を迎えていたが、それは〝雲山金鉱〟を含めた朝鮮半島の利権(金塊)を手に入れたためである。豊臣秀吉の時代、秀吉は朝鮮にある大量の金塊をせしめようとして朝鮮出兵を行ったが、上手くは行かなかった。しかし、日本（ヤクザ）側は朝鮮にある金塊の略奪を諦めておらず、１６２７年の丁卯胡乱《ていぼうこらん》や、１６３６年の丙子《へいし》の乱《らん》を通して、中国側から李氏朝鮮を侵略し、朝鮮半島の利権（金塊）を手に入れることに成功したのだ。

世界中の被差別身分者を使い、世界征服を行うイギリス・フリーメイソン

先ほど私は、大工やヤクザ、マフィア、海賊、山賊などの反社会的な集団がフリーメイソンであると述べた。この反社会的な集団とは、江戸時代の日本では被差別身分を表す〝穢多《えた》、非人〟と呼ばれていた。

江戸時代まで、日本や世界では身分制度が導入されており、これにより身分を持つ者を〝味方〟、身分を持たない者を〝敵〟として見分けていたのだ。

そして、イギリス・フリーメイソンというのはこのような身分を持たない者、即ち被差別身分の〝穢多、非人〟へ出資を行い、この被差別身分の集団を利用して国家侵略を行う。

この被差別身分者とは、日本で言えば江戸幕府側から資金の提供を得られない者達であるために、この被差別身分者に対して出資を行うイギリス・フリーメイソンとは彼らにとって唯一無二のスポンサーとなり、彼らはイギリス・フリーメイソンに対してこの上なく

山口県熊毛郡田布施町の地図

忠誠を誓うのだ。

また、このイギリス・フリーメイソンは日本のみならず、世界中の被差別身分者に対して出資を行い、世界規模でイギリス・フリーメイソン（被差別身分者、ヤクザ）の同盟を築くことで、その基盤を強固なものとして行く。

そして、日本でのイギリス・フリーメイソンの先兵として利用したのが、先ほど述べた山口県田布施町の在日北朝鮮人の被差別部落の者達であり彼らを使って、イギリス・フリーメイソンは日本乗っ取りの明治維新を引き起こしたのだ。

註　被差別身分の〝穢多〟とは「穢れが多い」との意味である。この被差別身分者は殺人や畜殺を行っていたことから、その行いが〝穢らわしい〟とのことで〝穢多〟となったのだ。また〝非人〟に関しても、その行いが通常の人の行いからは逸脱していることから〝非人（人に非《あら》ず）〟となったのだ。

註　ヨーロッパでもユダヤ人は〝穢多、非人〟と同じく、被差別身分者として扱われていた。それは、ユダヤ人が信奉するユダヤ教が他者を迫害するなどの邪悪にまみれていることから、ヨーロッパの人々はユダヤ人を軽蔑していたのだ。ユダヤ教に関しては第三章で解説をする。

第二章

イギリス・フリーメイソンに侵略される世界の国々

イギリス・フリーメイソンに侵略される非ユダヤの国々

先程、私は〝フリーメイソン〟とは〝ユダヤ（侵略者、異邦人、ヤクザ、マフィア）〟のことであると解説をした。

〝フリーメイソン（ユダヤ）〟の対義語として、私は〝非ユダヤ〟という言葉を使う。

この〝非ユダヤ〟とは一体何なのかというと、ユダヤ（フリーメイソン）が国家を侵略する前の、その国の〝原住民〟の総称を〝非ユダヤ〟と呼んでいる。

フリーメイソン（ユダヤ）が国家を侵略する際の、侵略のターゲットとする相手とはこの〝非ユダヤ（原住民）〟なのだ。

フリーメイソン（ユダヤ）は、彼らの宿敵である〝非ユダヤ（原住民）〟を一国から排除する際に必ず戦争を仕掛ける。

フリーメイソン（ユダヤ）は〝非ユダヤ（原住民）〟側を戦争に誘導し、非ユダヤ（原住民）側が戦争に勝てないように、旧式の兵器を非ユダヤ（原住民）側に大量に売却し、一方では、ユダヤ（フリーメイソン）側は最新の兵器を用いて戦争を行う。

そうすることで、フリーメイソン（ユダヤ）側は非ユダヤ（原住民）側の経済を疲弊さ

アヘン戦争の様子

せながら勝てない戦争を行わせ、武力を以って戦争に勝ち、非ユダヤの国を侵略し、国家を乗っ取って行くのだ。

その具体例には、中国のアヘン戦争や、日本の明治維新期の戦争が挙げられる。

イギリス・フリーメイソンはアヘン戦争では中国にアヘン（麻薬）を流通させ、当時の通貨であった〝銀〟を中国から大量に搾取し、中国の経済を疲弊させ、同時に最新式の兵器を使い戦争を行うことで、当時世界最強国であった中国を打倒し、香港を中国から奪い中国を侵略した。

また、日本の明治維新期でも、イギリス・フリーメイソンは江戸幕府に対して戦争を仕掛け、江戸幕府に対して戦争で勝てないような旧式の兵器を大量に売り付け、江戸幕府の

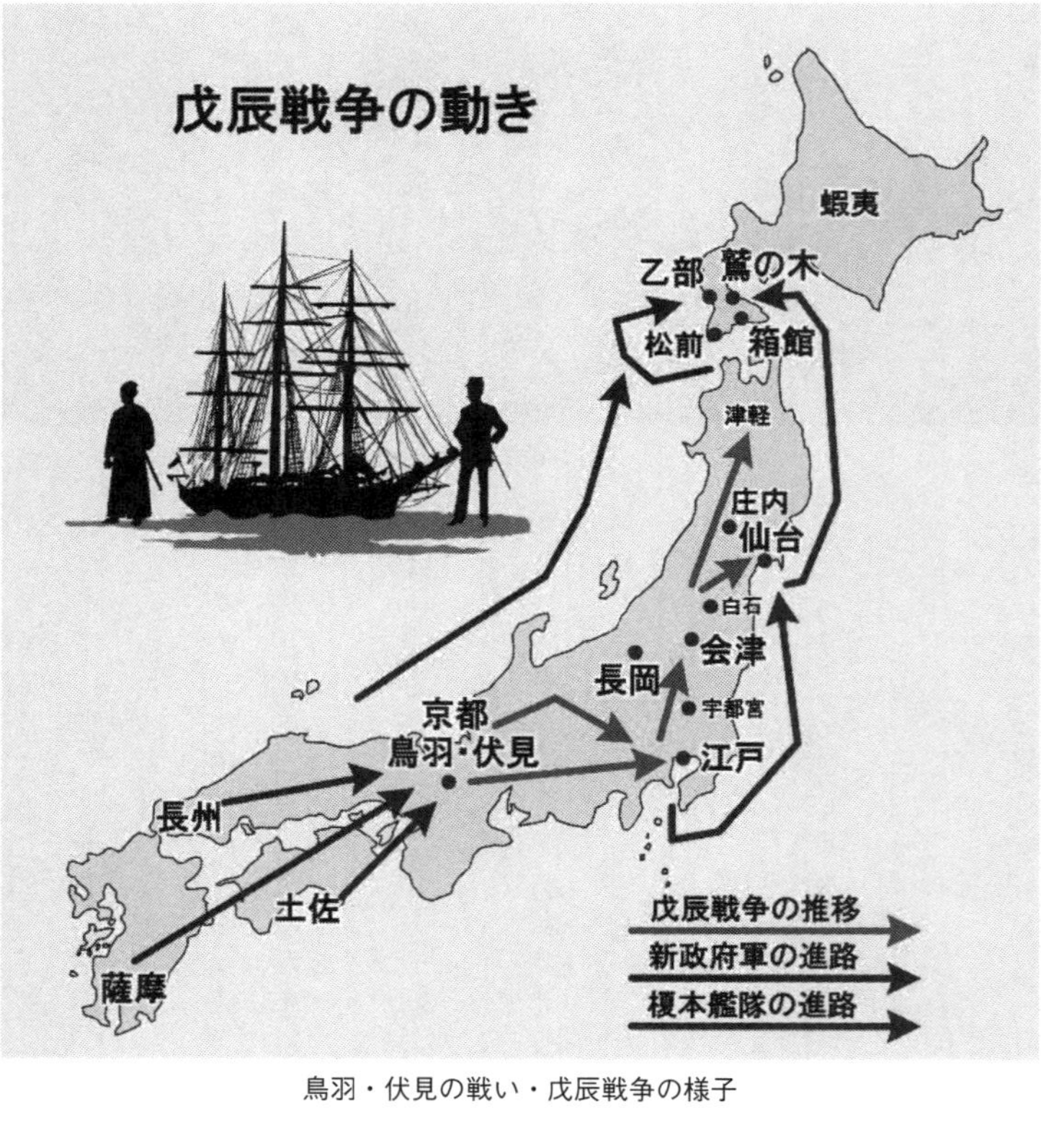

鳥羽・伏見の戦い・戊辰戦争の様子

経済を疲弊させつつ、鳥羽・伏見の戦いや戊辰戦争などの戦争を通して江戸幕府を戦力的にも経済的にも負かし、結果日本を侵略することに成功。イギリス・フリーメイソン（マフィア）傘下の日本政府を作らせ、今日の日本へと至っているのだ。

イギリス・フリーメイソンの宿敵、アメリカ・フリーメイソン（イルミナティー、DS）

そんなイギリス・フリーメイソンにも宿敵が存在している。

それはアメリカ・フリーメイソン（イルミナティー、DS）である。

先程私はフリーメイソンとは〝侵略者や異邦人、ヤクザ、マフィア〟などのいかがわしい人物達の秘密集団であると解説をしたが、こちらのアメリカ・フリーメイソンでの〝フリーメイソン〟の定義とは〝秘密結社〟のみの定義である。

つまり、アメリカ・フリーメイソンとはイギリス・フリーメイソンが如く侵略戦争を行わず、前項で解説したフリーメイソン（ユダヤ）の対義語である〝非ユダヤ（原住民）〟のことであり、フリーメイソンとしての存在意義がイギリス・フリーメイソンとは180度異なっている（フリーメイソンとはヤクザの〝組〟のようなものであると思って頂いて結構である。それぞれのフリーメイソンで政治的方向性が異なる。なお、世界には〝アメリカ・フリーメイソン〟と〝イギリス・フリーメイソン〟との2大フリーメイソンしか存在しない)。

それ故に、イギリス・フリーメイソン(侵略者)とアメリカ・フリーメイソン(原住民)とは、それぞれの存在意義が全く正反対であるために、「はじめに」で述べたアメリカ独立戦争やアメリカ南北戦争などを通して幾度となく大きな対立を繰り返して来ている。

註　江戸時代、日本が鎖国を行っていたのはイギリス・フリーメイソン(ユダヤ教)からの侵略を怖れ、国を守るためであった。そして、日本はアメリカによって開国させられた訳だが、実はこのアメリカは日本を開国させるための、イギリス・フリーメイソンのパシリであったのだ。江戸幕府側もイギリス・フリーメイソンが、ユダヤ教を使い世界中で国家侵略を繰り返して来ているという噂を聞いていたが故に、イギリス・フリーメイソンに対しては固く門戸を閉ざしていたのだ。一方でアメリカはイギリス・フリーメイソンのようには、極悪な国家侵略を行って来ていないことから、イギリス・フリーメイソン側はアメリカの政治的地位を利用して日本を開国へと導いていたのだ。

南北戦争以降もアメリカを侵略し続けるイギリス・フリーメイソンとの戦いは継続中

１７７６年、アメリカはアメリカ独立戦争の結果、イギリスからの独立を果たしたが、それ以降もイギリスは常にアメリカでの覇権、アメリカ合衆国の乗っ取りを狙っていた。

１８６１年に引き起こされたアメリカ南北戦争でも、その対立の構図とは、アメリカ東海岸南部をイギリス・フリーメイソン、アメリカ東海岸北部をアメリカ・フリーメイソンとして争い、この戦争ではアメリカ・フリーメイソン側が勝利したことにより、アメリカはイギリス・フリーメイソンからの支配を撥《は》ね退《の》けることに成功した。

２０２４年現在、アメリカではトランプ前大統領が２０２１年にアメリカ議会の警備を大統領権限を用いて緩め、襲撃させたとして、大統領候補として相応しいのかという裁判が行われているが、この裁判の根拠となっているのがアメリカ合衆国憲法修正第14条３項にある「公職者による騒乱（暴動）による公職資格の停止」である。

この条文とは、先述したアメリカ南北戦争の時期にアメリカ・フリーメイソン側が、イギリス・フリーメイソン側によるアメリカ侵略を防ぐために、南北戦争に関わったイギリ

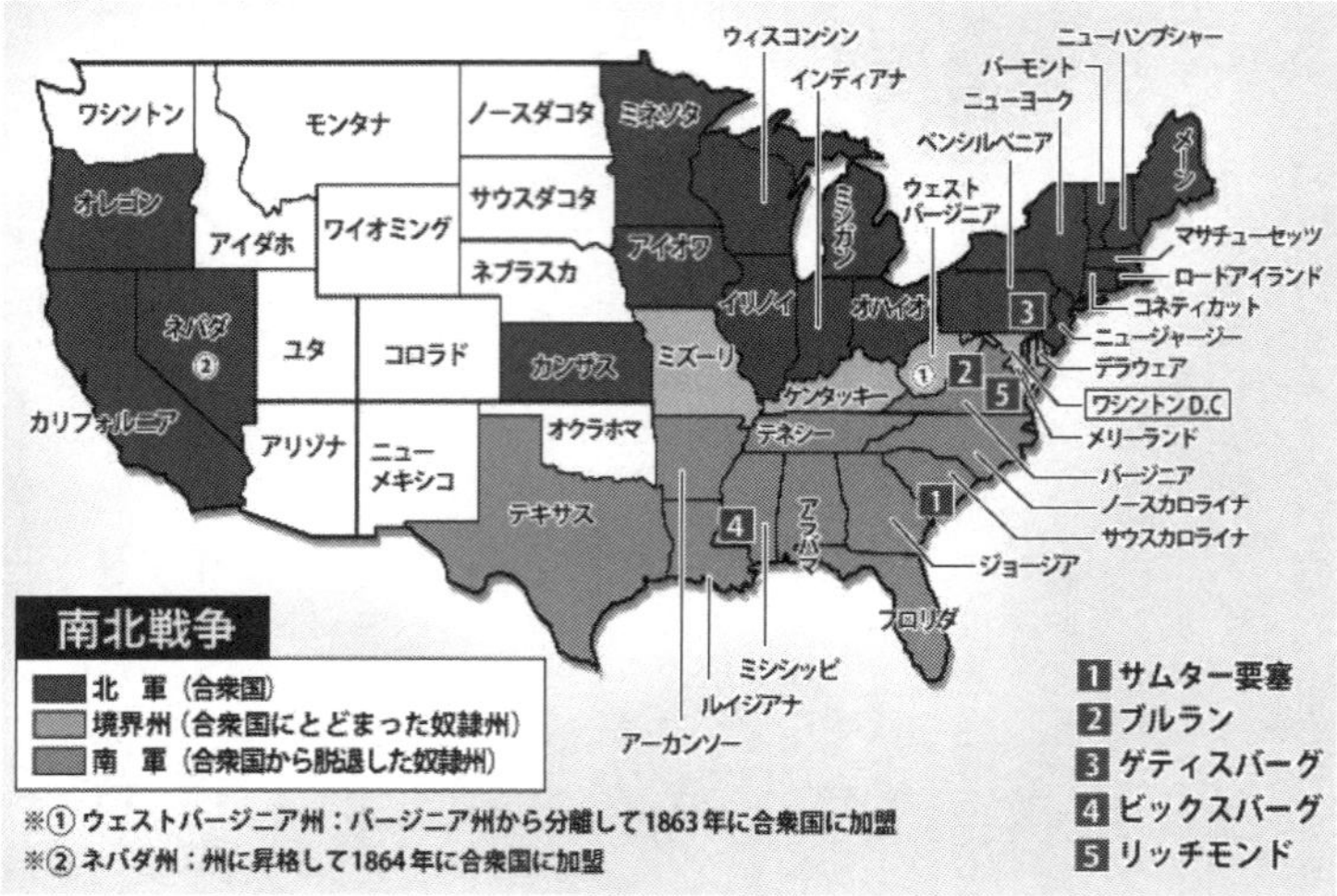

南北戦争の様子

ス・フリーメイソンの人物がアメリカ合衆国の要職に就任できないように、アメリカ合衆国の宿敵のイギリス・フリーメイソン（アメリカ連合国）をアメリカ国内から排除するために制定された条項なのだ。

国家侵略を繰り返すイギリスを、アメリカが嫌っているという痕跡はこういったところにも残っているのだ。

第三章

地政学で見るユダヤ（フリーメイソン）と非ユダヤ（原住民）

フリーメイソン側の土地と、原住民側の土地、これが地政学で見る世界だ！

先程私はアメリカ南北戦争を引き合いに、アメリカ東海岸南部はイギリス・フリーメイソン（侵略者）、アメリカ東海岸北部はアメリカ・フリーメイソン（原住民）であると解説をしたが、このようにアメリカのみならず、世界の国や土地には〝フリーメイソン（侵略者）側の土地〟と〝原住民側の土地〟とが存在している。

先程はトランプ前大統領を例として出したが、トランプが現在裁判に掛けられているニューヨークとはアメリカ・フリーメイソン（イルミナティー、ＤＳ）の本拠地であり、トランプがその地でこてんぱんに裁判に掛けられているのは、彼がアメリカ・フリーメイソンの宿敵のイギリス・フリーメイソンであるが故である。

トランプはニューヨークの地で散々な裁判に掛けられているのだ。また、トランプはアメリカ東海岸南部のフロリダ州に大豪邸を構え成功しているが、これは彼が政治的にイギリス・フリーメイソン側の人間であるが故に、イギリス・フリーメイソンを象徴するアメリカ東海岸南部のフロリダ州で実現することができたのだ。

また、日本にもアメリカのような〝フリーメイソン側の土地〟と〝原住民側の土地〟と

原住民側のニューヨーク

侵略者側のフロリダ州に豪邸を構えるトランプ

がしっかりと存在している。

註　現在、トランプと同じくイギリス・フリーメイソンを象徴するアメリカ東海岸南部のテキサス州に居住する、ツイッターを買収したイーロン・マスクがトランプを熱烈に支持しているのは、彼もまたイギリス・フリーメイソン（MI6）であるが故に、同じ派閥のイギリス・フリーメイソン同士で応援しているのだ。因みに、イーロン・マスクの正体とはイギリスの諜報機関のMI6の上級諜報員である。

フリーメイソン側の土地の長崎、原住民側の土地の広島

地政学的に見ると長崎県はイギリス・フリーメイソン（侵略者）側の土地となり、広島県は原住民（非ユダヤ）側の土地となる。

長崎とはその昔、出島が作られフリーメイソン（白人）側と交流を行った場所であり、それ故に長崎は今もフリーメイソンの土地を象徴するように〝キリスト（ユダヤ）教〟信者が日本で一番多い都道府県となっている（長崎や日本、世界に存在しているキリスト教とは実際は、その多くがユダヤ教による侵略を受けた実質上のユダヤ教である）。

ユダヤの象徴のキリスト教（ユダヤ教）が流行している長崎

原住民側の象徴である広島城

一方で広島とは、江戸幕府（非ユダヤ）側の土地を象徴する「広島城」が築かれるなど、こちらは日本の原住民（非ユダヤ）側の土地となり、広島の市街地には非ユダヤを象徴する仏教地区の〝寺町〟が、ユダヤ教（キリスト教）を象徴する長崎とは対照的に存在している（極悪なユダヤ教に対して、仏教やイスラム教というのは善行を行う宗教に該当する）。

この広島のように、江戸幕府直轄の〝城〟がある都道府県は、日本の原住民（非ユダヤ）側の土地となる。

ユダヤ（ヤクザ）を象徴する新宿区の歌舞伎町

註　東京には〝原宿〟と〝新宿〟とが存在しているが、明治神宮がある〝原宿〟とは江戸時代には肥後藩（熊本）と彦根井伊家（井伊直弼）の江戸幕府（非ユダヤ）側の藩家があった。つまり原宿とは日本の原住民側の土地となる。一方で、新宿とは江戸時代は日本のフリーメイソン側の藩である大村藩（長崎）の藩家があった場所であり、それ故に明治維新以降に栄えたフリーメイソン側の土地として、原宿に対して〝新〟宿と名付けられている。現在、新宿を代表する歌舞伎町が栄えているのも、フリーメイソン（ヤクザ）革命である明治維新の政治が関係している（原宿の〝原〟は中国語で〝元々の、オリジナルの〟という意味がある）。

註　他にも例えば東京には、現在の日本の政治中枢となっている〝永田町〟と、〝紀尾井町〟が存在している。この永田町にはイギリス・フリーメイソン政党の「自民党本部」が存在しており、〝永田町〟とはユダヤ（侵略者）側の土地となる。一方で〝紀尾井町〟とは、江戸時代、徳川幕府直轄の紀州徳川家、尾張徳川家、彦根井伊家の藩家が置かれていた場所であり、こちらは非ユダヤ（原住民）側の土地となるのだ。それ故に、木原事件（岸田文雄の右腕の木原誠二の妻の木原郁子が元夫を刺殺したとする事件）では、日本の原住民側の紀尾井町に本社を置く文藝春秋が、ユダヤ（侵略者）側の自民党（日本政府）に対して攻撃を加えることとなっているのだ（また、かつて文藝春秋はユダヤによるホロコーストの嘘を広く報道したが、ユダヤ人であるキッシンジャーらによって事実がうやむやにされた過去がある）。

第四章

仮面を被ったユダヤ教

〝ユダヤ教〟はイギリス・フリーメイソンの国家侵略の教義である

イギリス・フリーメイソンが国家侵略を行う際に使用する〝教義〟が存在している。それは〝ユダヤ教〟である。

ユダヤ教とは、現在パレスチナで行われているイスラエルによる戦争の、かのイスラエルの国教であるが、このユダヤ教とは清純な宗教ではなく、仲間以外を排他、排除することを教義として定められている地球一邪悪な宗教であるのだ。

このユダヤ教の、排他、排除とは、実は人に対してだけではなく、宗教に関しても排他（排除）する侵略宗教であるのだ。

それ故に、あの戦争が引き起こされている中東の地域とは、元々は〝イスラム教〟の土地であるのだが、イギリス（フリーメイソン）は中東を侵略するために、他者を徹底的に迫害する〝ユダヤ教〟を故意にパレスチナの土地に誘導することにしたのだ。超邪悪で超過激なユダヤ教を国教とするイスラエルを中東の地に建国させたのは、もちろんパレスチナ（イスラム教）を迫害し、中東の地をイギリス・フリーメイソン（ユダヤ）の支配下に陥れるためである。

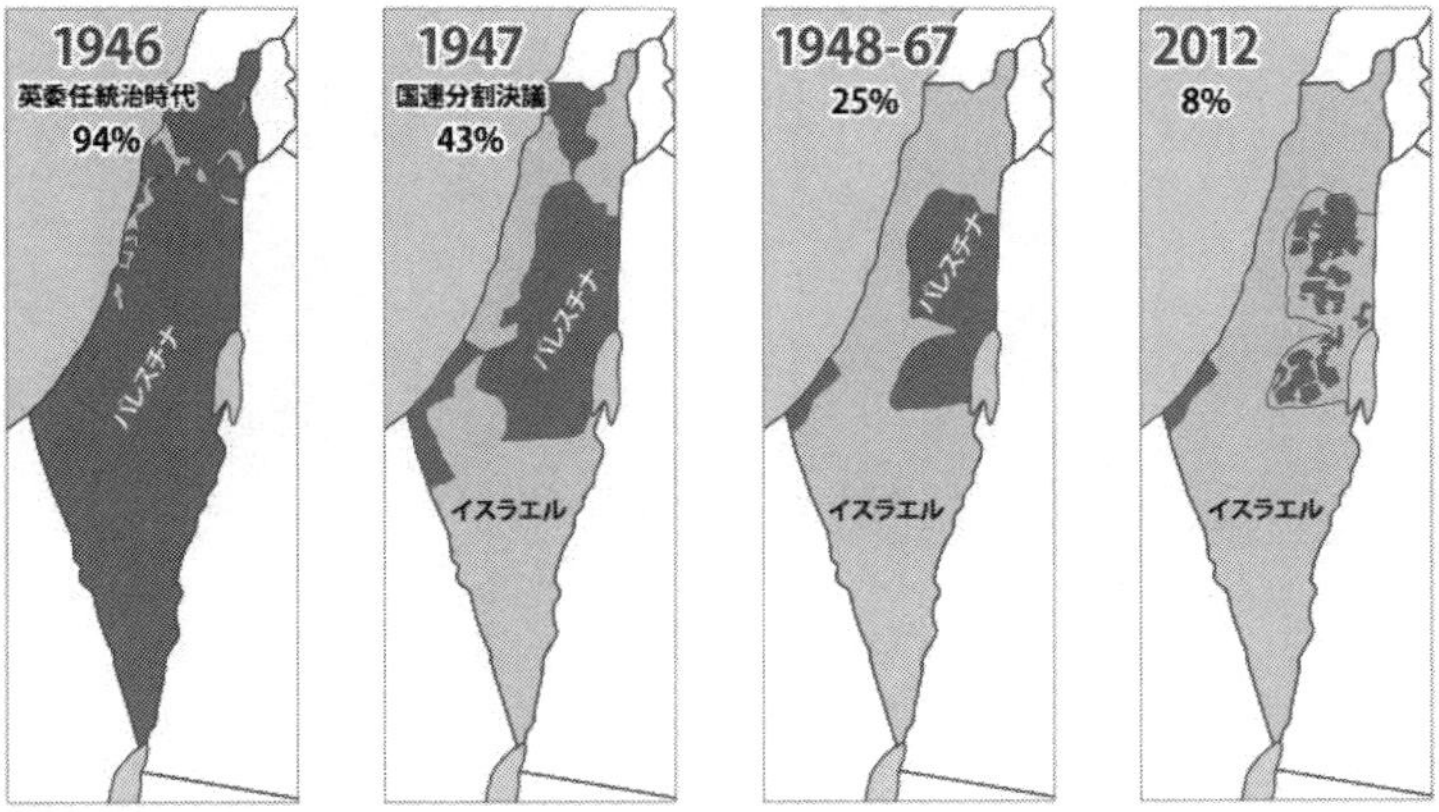

1945年以降イギリスによって侵略されるパレスチナの様子

また、明治維新の時代に日本では〝廃仏毀釈〟と呼ばれる仏教弾圧の宗教迫害が引き起こされていた。この〝廃仏毀釈〟が起きたのも、ユダヤ教を政治教条とするイギリス・フリーメイソンが日本を侵略したが故に、古来日本の伝統宗教であった仏教が弾圧されることとなったからなのだ（明治維新で日本が真にユダヤに毒されたが故に、日本の仏教は本来仏教では禁忌であった妻帯、肉食が認められるに至ったのだ）。

そして、その仏教弾圧とは対照的に長崎の地で〝キリスト教〟が爆発的に流行したのは、既述の通り長崎の地がイギリス・フリーメイソン（ユダヤ）側の土地であるが故に、長崎ではキリスト教の仮面を被った〝ユダヤ教〟が大流行していたからという訳なのだ。

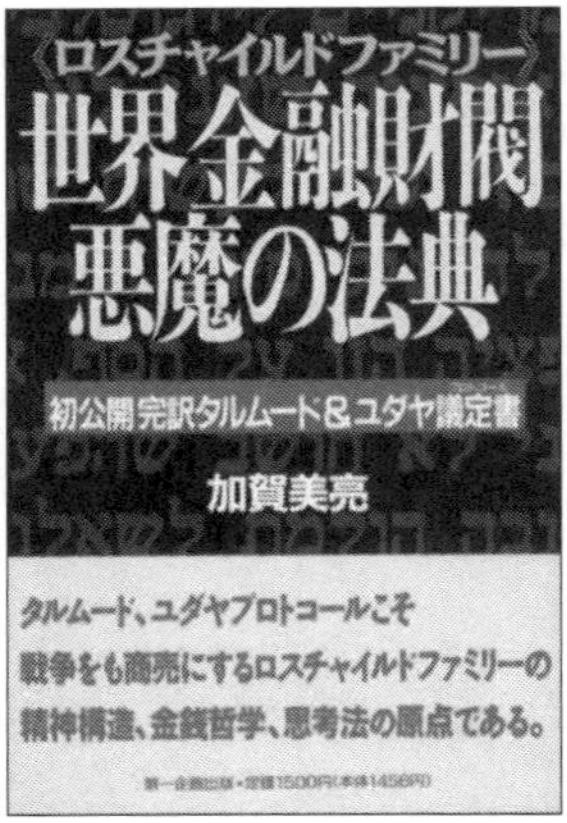

タルムードを要約したユダヤ鑑百則が載っている良書

マルチン・ルターらによるユダヤ教への告発本

註　ユダヤ教には「ユダヤ人以外は人ではないため、殺害しても許される」などの過激な内容が記されている。このようなユダヤ人の行動規範を記した書物を『タルムード』と呼び、これがユダヤ人では重要となっている。この、ユダヤ人の『タルムード』の正体を告発した書物には『世界金融財閥　悪魔の法典』（第一企画出版）、『ユダヤ人と彼らの嘘　仮面を剥がされたタルムード』（雷韻出版）などがある。

ユダヤ教（フリーメイソン）では異邦人（外国人）による国家支配が定められている

実はユダヤ教（フリーメイソン）には、乗っ取った国家を〝異邦人（外国人）〟によって支配させる決まりがあるのだ。

第一章でも述べたように、このユダヤの意味とは〝異邦人、外国人、被差別身分者、ヤクザ、マフィア〟などであったが、イギリス・フリーメイソンは一国を支配下に収めた後、その一国を〝異邦人（ユダヤ）〟によって支配させるのだ。

明治維新でイギリス・フリーメイソンは今日の日本政府を樹立させた訳だが、この日本政府の首相を見てみると、先述した山口県田布施町の在日北朝鮮人の被差別部落から初代首相に就いた伊藤博文や岸信介、その弟の佐藤栄作などと非常に多くの著名な政治家など日本政府の要人が、この在日北朝鮮人の被差別部落の寒村から誕生しているのだ。

これはいうまでもなく、明治維新でかの邪悪なユダヤ教（フリーメイソン）が日本に侵入して来ているが故に、このような〝異邦人（ユダヤ人）〟による支配の日本が生じてしまっているのだ。

Ministry of Foreign Affairs of Japan
https://www.mofa.go.jp › nanbei › profile › fuji_pro ⋮

フジモリ大統領の横顔

熊本県河内出身の父親直一（死別、1920年にペルーに集団移住）と母親ムツエ（健在、77歳、結婚後1935年にペルーへ）を両親に持つ日系二世。

明治維新により日本の地を追われたペルーのフジモリ氏

そして、この〝異邦人（ユダヤ人）〟による日本支配のシステムのまま、現在の日本国が存在している。

註　戦前、多くの日本人が台湾や朝鮮などの外地に移住させられたのは、明治維新で日本の支配者が在日朝鮮人などの異邦人となってしまったが故に、日本の原住民である日本人は日本の土地から追いやられていたのだ。それ故に南米のペルーなどで日系人の大統領が誕生することになっているのも、明治維新で日本人が迫害された結果なのだ。

「非ユダヤ人にはカネを与えない」これがユダヤ人最優越のユダヤ教の法則

アヘン戦争、明治維新を通してイギリス・フリーメイソンは、世界最強且つ世界最大の経済国であった中国と日本の〝富（金塊）〟をせしめることに成功し、事実上世界の頂点の地位を有することとなった。

冒頭で述べた通りに、イギリス・フリーメイソンは一国の原住民を排除する際に故意に戦争を作り出し、その戦争に〝原住民〟を投入することによって、〝原住民〟を戦死させ、〝原住民〟の血筋を途絶させて行く。

明治維新以降の日本で、具体的には日露戦争や、太平洋戦争がその戦争であり、つまり、戦前に行われた戦争という戦争とは、イギリス・フリーメイソン（日本政府）側が、日本人の種の断絶を考えて故意に作り出された戦争であったのだ。

（イギリス・フリーメイソンは日本人の種の断絶のために、軍隊を作り、故意に愛国心をそそり立たせて原住民を軍隊に入隊させ、戦争を行わせることで日本人の種の断絶を行っていた）

また、日露戦争では、日本軍側はかの強国のロシアに苦労して勝利したにも拘《かかわ》らず、戦勝金をロシアから一切得られずにいた。これは、先述した〝ユダヤ教〟が関与しており、この〝ユダヤ教〟の教義では「ユダヤ（白人）との争いでは非ユダヤ（有色人種）は賠償を得られない」と〝ユダヤ人最優越の法則〟が定義されているために、日露戦争で日本軍側は一切戦勝金が得られなかったのだ。

ユダヤの世界征服の指南書

そして、このように賠償金が得られないのに日露戦争に突き進んだ理由には、この当時まで日本人（非ユダヤ人）は、かの邪悪なユダヤ教が日本や世界を侵略していることを把握できていないままに、ユダヤ（イギリス・フリーメイソン＝日本政府）によって愛国心を駆り立てられ、戦争に応じてしまったが故に日露戦争の賠償金不払いという結果が生じてしまったのだ。

その後、日本軍は日露戦争の結果を分析し、ユダヤ教の存在と、イギリス・フリーメイソンの宿敵のアメリカ・フリーメイソンの存在を知り、イギリス・フリーメイソン（日本政府）側に対して報復のための〝辛亥革命〟を画策したのだ。

註　日露戦争後にフリーメイソンを研究した日本の軍人として四王天《しおうでん》延孝が挙げられる。彼がロシアから輸入し翻訳した『シオンの議定書』と呼ばれる、フリーメイソンによる世界征服の指南が書かれた著書は今も出版されている。

註　2024年現在の日本では、日本政府が日本国民から高額の所得税などを搾取しているのも、実のところは〝ユダヤ教〟の教義に従って、ユダヤ教の税を用いた人民統治の結果、日本人は高額の税金を日本政府（ユダヤ）に支払うことになっているのだ。つまり、日露戦争の時と同様に日本人は現在も〝ユダヤ〟に搾取され続けているということなのだ。

第五章

辛亥革命で世界の地位を失った イギリス・フリーメイソン

辛亥革命でアメリカ・フリーメイソン側に移った世界の主権

アヘン戦争と明治維新で黄金期を迎えていたイギリスであったが、１９１０年代になるまでにその盛隆に陰りが見え始めていた。

先ず第一の異変とは１９０９年に起きたイギリス・フリーメイソンの伊藤博文の暗殺である。

既述の通り、世界には〝フリーメイソン（ユダヤ）側の土地や国〟と〝原住民（非ユダヤ）側の土地と国〟とがそれぞれ存在している。

あの当時、伊藤博文は朝鮮半島の日本併合を考えていた。

伊藤博文が朝鮮半島を併合しようと画策していた理由には、第一章で述べたように、朝鮮半島に存在する〝黄金（金塊）〟の略奪があった。

しかし、この朝鮮半島というのは李氏朝鮮の時代から、イギリス・フリーメイソンとは対立する原住民側の勢力であるアメリカ・フリーメイソン側の土地であり、イギリス・フリーメイソンの伊藤博文ら日本政府が朝鮮半島に対して手を出すことは禁忌であった。

そして、１９０９年10月26日、伊藤博文は同じくアメリカ・フリーメイソン側の土地であるロシアに近い現在の中国・黒竜江省の省都・ハルピンで、アメリカ・フリーメイソン側の地位を有す朝鮮人の安重根によって暗殺されたのだ。

つまり、伊藤博文はアメリカ・フリーメイソンの財産（富）に手を出そうとしていたことから、アメリカ・フリーメイソン（中国、朝鮮、ロシア）の反感を買い暗殺されたのだ。

そして次の異変とは1911年から1912年に掛けて行われた辛亥革命である。アヘン戦争後、一応のところ中国は、清国の看板を立てつつ存続していたが、実質のところはイギリスの支配下にあった。

そんな清国のイギリス支配の体制は、アメリカ・フリーメイソン側の孫文による辛亥革命で打ち砕かれ、清国は打倒されたのだ。先程も述べたが、アヘン戦争が起きるまで中国は世界一の〝富（金塊）〟を有す国であり、その世界一の富（金塊）を有す清国を、孫文が辛亥革命によって打倒したということは、その清国の世界一の富（金塊）ももちろんアメリカ・フリーメイソン側に移り、この時世界の主権もアメリカ・フリーメイソンへと移ったのだ。

また、辛亥革命と時を同じくして日本の元号が「大正」と変わったのも、イギリス・フリーメイソンの初代首相の伊藤博文が暗殺され、辛亥革命で世界の主権がアメリカ側に移り、日本を巡る主権もアメリカ・フリーメイソン側に移ったことから元号と天皇も変わっ

アメリカ・フリーメイソン（原住民）側の安重根

辛亥革命を起こしたアメリカ・フリーメイソンの孫文

たのだ。

註　第二次世界大戦中に日本政府側の軍隊である日本陸軍は、伊藤博文が暗殺されたハルピンに、宿敵であるアメリカ・フリーメイソンを打倒するために生物兵器研究所である７３１部隊と呼ばれる組織を作った。これは日本政府崩壊の１９０９年の伊藤博文の暗殺や辛亥革命への報復の布石としてであった。そして、ここでの研究結果が後のＨＩＶやコロナワクチンなどのＲＮＡ猛毒ウイルスへとつながったのだ。

アメリカ・フリーメイソンのロシア人・レーニンの死で、再びイギリス・フリーメイソンに世界の主権が移った

イギリス・フリーメイソンは、世界征服に関して非常に執着心が強い。

アメリカ・フリーメイソンは１９１１〜１９１２年の辛亥革命で、イギリス・フリーメイソンから世界の主権を奪うことに成功したが、１９０９年の伊藤博文暗殺を実質指揮したアメリカ・フリーメイソンのロシア人指導者・レーニンが、１９２４年にイギリス・フリーメイソンによって暗殺された。これにより、再び世界の主権はイギリス・フリーメイソンに移ることとなった。

ソビエトを建国したアメリカ・フリーメイソンのレーニン

また、同じ時期に日本の元号が、アメリカ・フリーメイソンを象徴する〝大正〟から〝昭和〟へと変わったのも、レーニンの暗殺の影響により日本を巡る主権がイギリス・フリーメイソン側に再び移ったために、元号も

●昭和の元号解説

「昭和」の文字を分解すると
日（光）＋召（す）＋和（日本）
となる
この昭和の元号には原爆投下を行うという強い意志が現れている

〝昭和〟へと変わったのだ。

註　大正の元号の意味とは「大きく正しく」である。これはそれまでの「フリーメイソン（ユダヤ＝明）による統治（＝明治）」を改め、原住民側勢力による支配を意味する「大正」としたのだ。また、昭和の元号であるが、フリーメイソン側は昭和が始まるに当たって〝原爆〟による政治を考えていたと思われ、そのために、原爆を意味する「昭和（＝日を招く日本）」にしたと分析する。

第六章

広島原爆と長崎原爆の真相

山口県田布施町の在日北朝鮮人を使った イギリス・フリーメイソンによる明治維新

明治維新が引き起こされる前、イギリス・フリーメイソン達は日本を侵略するために、彼らの日本での拠点である長崎より東の本州にイギリス・フリーメイソンの拠点を築こうとしていた。

しかし、非ユダヤ側の江戸幕府側の長府藩は、本州へのユダヤの侵入を阻止するために関門海峡の封鎖を行った。

長府藩の関門海峡封鎖により本州側へのアクセスを遮断されたユダヤ達は、長崎より鹿児島方面に向け九州を半周し、九州と四国との海峡である〝豊予海峡〟を通る形で本州に侵入することに成功した。

その「豊予海峡」の先にあるのが〝山口県田布施町〟である。

この山口県田布施町及び、周辺の地域というのは、先述したアメリカ・フリーメイソンに暗殺された初代首相の伊藤博文や、後述する岸信介ら日本のイギリス・フリーメイソンの重鎮が幾人も輩出された聖地となっている。

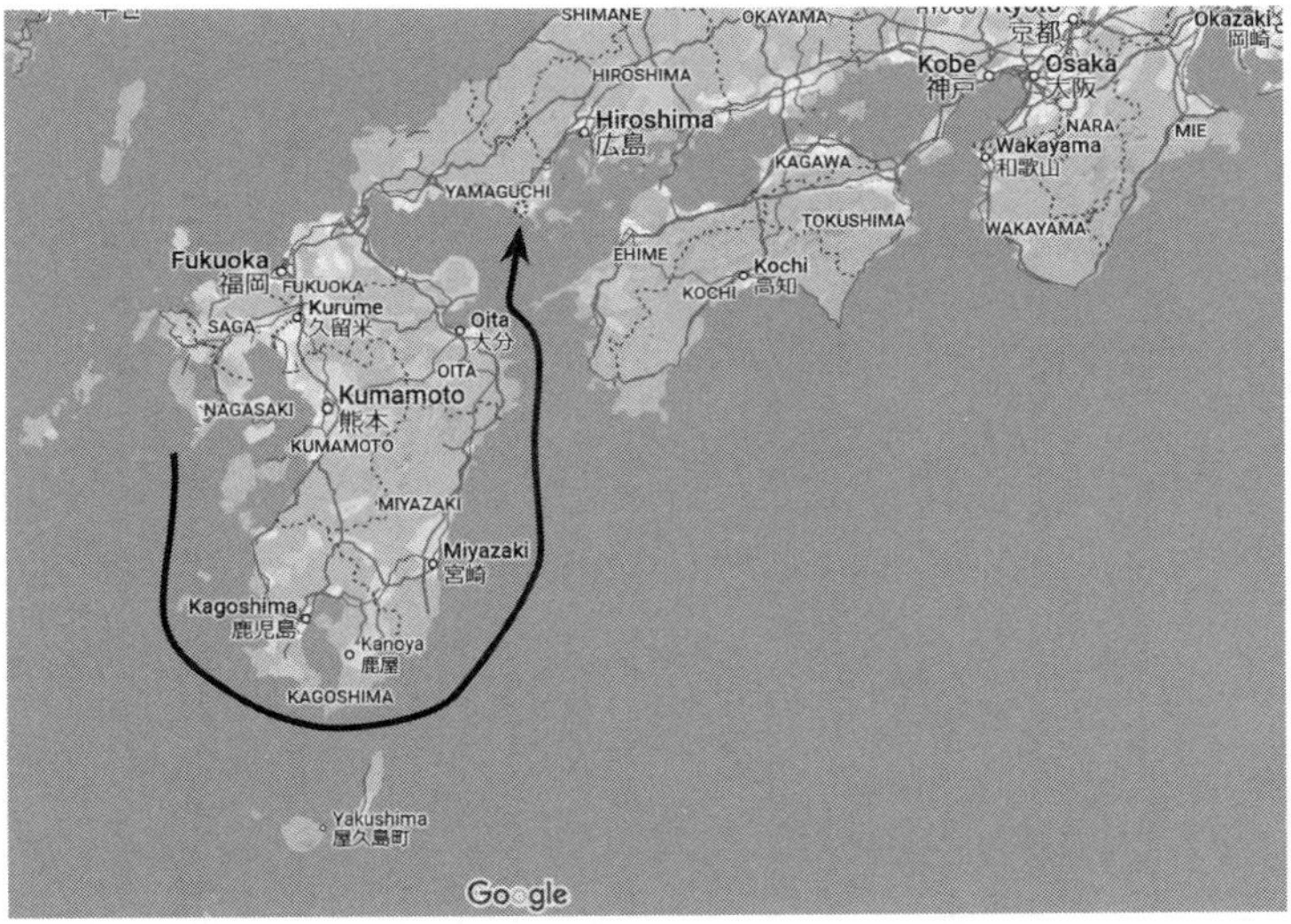

江戸幕府の関門海峡閉鎖で長崎から鹿児島を回り田布施町に向かったユダヤの経路

　これは、イギリス・フリーメイソンがこの〝山口県田布施町〟のユダヤ人（異邦人）こと〝在日北朝鮮人〟の集落を使って、日本侵略の明治維新を引き起こしたことを意味する。

　それ故にイギリス・フリーメイソンからすれば山口県田布施町ほど日本で重要な場所はないという訳なのだ。

〝2つの原爆〟は当初イギリス・フリーメイソン（日本政府）を崩壊させるために考え出されたものだった

麻生太郎の故郷である福岡県飯塚市と北九州市周辺の地図

レーニンの暗殺を受けて世界の主権は再び極悪イギリス・フリーメイソンへと移ったが、アメリカ・フリーメイソン側はこれを承服していなかった。アメリカ・フリーメイソンは、再びイギリス・フリーメイソンを打倒するために、アジアでのイギリス・フリーメイソンの活動拠点となっていた日本で〝2つの原爆〟を炸裂させることで、再び世界の主権を取り戻そうと画策した。

このアメリカ・フリーメイソンが考

えた〝2つの原爆〟は、1つが「山口県田布施町」、もう1つが「福岡県北九州市」へと照準を絞っていた。

それは、この「山口県田布施町」と「福岡県北九州市」とは、明治維新で日本政府の重鎮となった〝岸信介〟と〝麻生太郎の一族〟を政治象徴させる土地である。アメリカ・フリーメイソンは彼ら一族が、明治維新以降日本人（非ユダヤ人）に対して様々な戦争を仕掛け、アメリカ・フリーメイソンを打倒する様々な悪事を行っているという情報を把握していた。そのために、「山口県田布施町」と「福岡県北九州市」とに〝2つの原爆〟を炸裂させることで、イギリス・フリーメイソン（日本政府）を大崩壊させ、世界の主権を再び取り戻そうと考えたのだ。

〝岸信介〟と〝麻生太郎の一族〟を暗殺する〝2つの原爆〟を実行する前に暗殺されたフランクリン・ルーズベルト大統領

イギリス・フリーメイソンにとっての最大の宿敵とは第32代アメリカ合衆国大統領のフランクリン・ルーズベルトであった。

なぜなら、前項で述べたイギリス・フリーメイソンの〝岸信介〟と〝麻生太郎の一族〟

とを暗殺する〝2つの原爆〟を実行する計画を練っていたのはフランクリン・ルーズベルトであったからだ。

イギリス・フリーメイソンはフランクリン・ルーズベルトが大統領に就く前から、彼がイギリス・フリーメイソンにとっての脅威になることを把握していた。１９２１年にはルーズベルトをポリオに罹患させ暗殺を企み、また、ルーズベルトが大統領に就く直前の１９３３年2月15日には、アメリカのイギリス・フリーメイソン側の土地のフロリダ州マイアミで暗殺されかける。イギリス・フリーメイソンにとってフランクリン・ルーズベルトは暗殺を企むほどの最大の宿敵にほかならなかった（ルーズベルトはイギリス・フリーメイソンを打倒するためにアメリカ史上初の4期12年大統領を務めた人物である）。

そして、既述の通りフランクリン・ルーズベルトは、同じく最大の宿敵である極悪イギリス・フリーメイソンを大崩壊させるために日本での〝2つの原爆〟を画策していた。

だが、これをされるとイギリス・フリーメイソンは真に大崩壊となることから、どうにかしてフランクリン・ルーズベルトによる〝2つの原爆〟を阻止する必要があった。

１９４５年4月12日、フランクリン・ルーズベルトが大統領任期中に急死するのは、イギリス・フリーメイソンがルーズベルトの〝2つの原爆〟を阻止するために、ルーズベルトを暗殺したからなのだ。

そして、イギリス・フリーメイソンは自分たちが崩壊しないようにと、自分たちの息のかかった人物であるトルーマンをアメリカ大統領に据えた。そしてルーズベルトが任期中に策定していた〝岸信介〟と〝麻生太郎の一族〟とを抹殺する「山口県田布施町」と「福岡県北九州市」との〝2つの原爆〟を、それぞれ「広島」と「長崎」へと変更させたのだ。

また、第三章で述べたが、アメリカに〝イギリス・フリーメイソン側の土地〟と〝アメリカ・フリーメイソン側の土地〟とがあるように、日本にも〝イギリス・フリーメイソン（侵略者）側の土地〟と〝原住民（江戸幕府、非ユダヤ）側の土地〟が存在している。

このルーズベルトが狙いを定めた「山口県田布施町」と「福岡県北九州市」は、それぞれ〝イギリス・フリーメイソン側の土地〟であるのだが、トルーマンによって変更された「広島」は〝原住民（江戸幕府、非ユダヤ）側の土地〟なのだ。

イギリス・フリーメイソン側は原爆炸裂地を「広島」へ変更することによって、イギリス・フリーメイソン側にも原爆による政治的利益がもたらされるようにと〝原住民（江戸幕府、非ユダヤ）側の土地〟の「広島」を敢えて選んだのだ。

また、イギリス・フリーメイソンは原爆によってアメリカ・フリーメイソン側にも政治的利益がもたらされるようにと、麻生太郎の一族の「福岡県北九州市」に代わって、同じく日本のイギリス・フリーメイソン側の土地である「長崎」で原爆を炸裂させることで、

ユダヤによる暗殺工作で半身不随となったルーズベルト

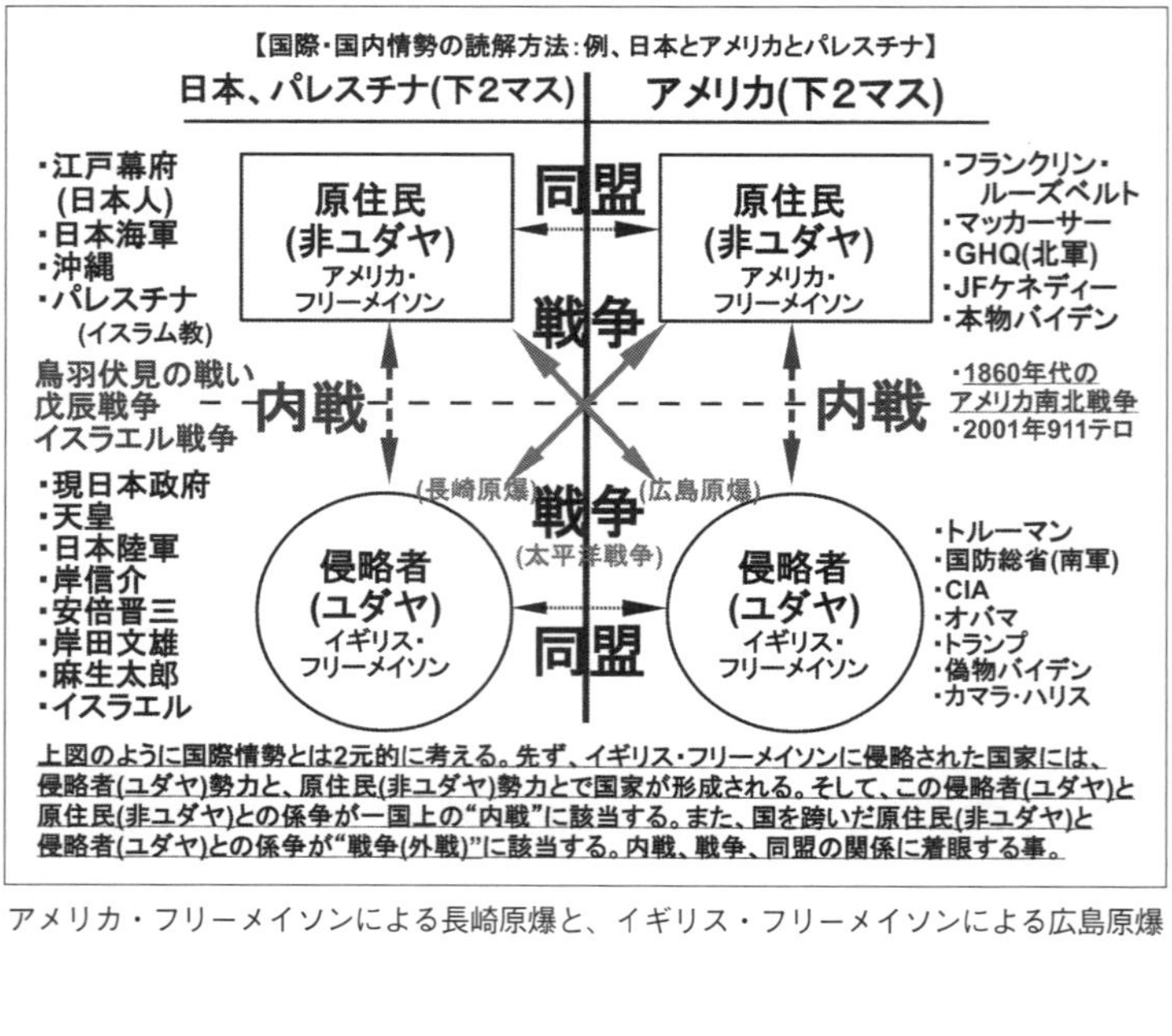

アメリカ・フリーメイソンによる長崎原爆と、イギリス・フリーメイソンによる広島原爆

アメリカ・フリーメイソンに対して政治的に譲歩したのだ。

更に、「広島原爆」と「長崎原爆」とではそれぞれその原材料が「ウラン」と「プルトニウム」で異なっているのは、既述の通り「広島原爆」と「長崎原爆」とでは、それぞれ政治的実行目的が180度異なっているために、原材料の点でも異なる物質を使用することで、政治的棲み分けを行っていたのだ。

広島原爆は岡山県勝田郡奈義町のウランで作られた

既述の通り、地政学論理に従えば、あの1945年8月6日の広島原爆とは、日本の原住民側の土地である〝広島〟で行われたことから、敵を倒すという戦争論理に照らし合わせれば、〝広島〟の敵勢力である日本政府ことイギリス・フリーメイソン（ユダヤ）側の仕業であることが分かる。

そして、その広島原爆が作られた場所とは、一般的に言われているアメリカではなく、日本の岡山県勝田郡奈義町で採れた〝ウラン〟で作られたのだ。

実は明治維新が引き起こされる前から、アメリカ・フリーメイソンやイギリス・フリーメイソン達は、フリーメイソンのその本質が、世界中の〝黄金（ゴールド）〟を略奪することにあるように、日本に於いても〝黄金（ゴールド）〟に関する情報や〝鉱物〟に関する情報を掻き集めていた。

そんな中で、彼らフリーメイソンは日本の岡山県津山市で、原子爆弾の材料となる〝ウラン〟が採れることを嗅ぎ付けた。

明治維新が引き起こされる前、岡山県津山市では〝光る鉱物〟が存在するとして、人々は奇妙に感じていたという。

そして、フリーメイソンらはそれが〝ウラン〟だということを突き止め、この〝ウラン〟を活用する方法として〝原子爆弾〟に目を付けた。アメリカ・フリーメイソン側は、この岡山県津山市で採れる〝ウラン〟を、アメリカ・フリーメイソンの宿敵のイギリス・フリーメイソン（日本政府）を崩壊させる道具としての〝原爆〟で活用しようと考えていた。

しかしながら、1945年4月12日にアメリカ・フリーメイソンの重鎮のフランクリン・ルーズベルト大統領がイギリス・フリーメイソンによって暗殺されたことから、この岡山県津山市の〝ウラン〟はイギリス・フリーメイソン（日本政府）によって略奪され、広島原爆で使われることとなったのだ。

註　ウランは１７００年代後半には発見され、１８００年代にはガラスにウランを混ぜて発光させる「ウランガラス」が装飾品としてヨーロッパなどで流行した。なので、フリーメイソンは明治維新が引き起こされる前からウランの存在を把握していた。

註　日本で広島原爆の開発を行ったのは、日本のイギリス・フリーメイソン（日本政府）側の軍隊である日本陸軍から原爆開発の要請を受けた物理学者の仁科芳雄である。仁科は核爆弾炸裂に必要なサイクロトロン（核粒子加速器）の開発を行った。また、日本陸軍に対抗する日本海軍はアメリカ・フリーメイソン（原住民）側の真の日本人の組織である。戦前の陸軍と海軍は、それぞれが独自に原爆開発を行っていたように、それぞれ全く政治的方向性が異なっていた。

広島原爆のウランを採掘した日本原演習場

註　筆者はこの岡山県勝田郡奈義町で

採れた〝ウラン〟は、岡山県勝田郡奈義町にある旧日本陸軍日本原演習場で採掘されたと分析する。なぜなら、軍施設で〝ウラン〟の採掘を行った場合、人目をはばからずに採掘活動に専念できるためである。また、この日本原演習場にはイギリス・フリーメイソン側の天皇である〝伏見宮（南朝＝ヤクザ）〟が視察に来ていることから、この岡山県津山市一帯は特にイギリス・フリーメイソンにとって重要な土地であるということが分かる。そして、この岡山県勝田郡奈義町で採れた〝ウラン〟を日本政府（陸軍）側は、列車を用いて、広島県呉市にある海軍の工廠へ持って行き、この呉市にある海軍の工廠でウランを詰め、広島原爆を完成させたのだとも推測する。

エノラゲイは存在せず、広島原爆は地上から爆発させられた

1945年8月6日、広島原爆が発生した丁度その朝、実は日本軍の戦闘機が広島上空を飛行し、広島原爆の爆風に巻き込まれていたのだ。その飛行機を操縦していたのは、旧日本海軍航空隊に所属していた本田稔であった。

本田氏は8月6日の当日、海軍の命令により海軍の基地があった兵庫県姫路市より長崎県大村市へ向け、戦闘機を操縦していた。そして、本田氏が目下に広島市街地を確認した

とたん、本田氏の機体は爆風により地上より突き上げられ、そのまま反り返り、５００メートルほど降下したところで、再び広島市街地を確認すると広島の町が消えていたという。

この本田氏の発言は、２０１１年の東日本大震災があった後に、軍事評論家の井上和彦氏との対談である。この発言の様子は今もYouTubeやTwitterを通して見ることができる。

更に、このインタビューで本田氏は「(広島原爆を投下した)エノラゲイを目撃していない」といい、一般的な広島原爆の見解とは全く異なっている。

B29を目撃していない本田稔

では、あの広島原爆があった朝、一体何が広島で生じていたのだろうか？

私は、あの朝、地上から本田氏の機影を米軍機と誤認したイギリス・フリーメイソン側の日本陸軍側が、地上に設置していた広島原爆を起爆させたが故に、本田氏の広島入りと同時に広島原爆が生じたのではないかと見ている。

この当時、広島には広島城に日本陸軍の司令部が存在しており、日本政府側はこの軍事拠点である広島城に、呉市で完成させた広島原爆を（横川駅経由で）持ち込み、そこで起爆させたと予測している。

この広島原爆地上爆発説には、広島市街地の元安川から爆発させたという説もあるが、川で起爆させた場合、広島城とは違い、近くに防空壕がないため、起爆操作した兵士も死滅することから、敵を倒すという戦争原理に符合せず、私は元安川での爆発ではなく、起爆要員を退避させられる防空壕がある陸軍基地であった広島城で起爆させたのだろうと見ている。

いずれにしても、広島原爆を上空から確認した唯一の日本人である本田氏の証言は見逃せない。

註　本田氏は広島原爆とは「火も出なければ、煙も出ない。一瞬で広島が消えた。あれは本当に恐ろしい」といい、他の爆弾との誤認ではないということを述べている。

アメリカは日本とドイツとでは全く別の戦争を行っていた

第二次世界大戦当時、アメリカは日本とドイツとで戦争を行っていた。

実はこの2つの地域での戦争は、全く政治的イデオロギーが異なる戦争であったのだ。既述の通り、世界には〝イギリス・フリーメイソン（侵略者）側の土地〟と〝アメリカ・フリーメイソン（原住民）側の土地〟とが存在している。

そして、日本というのは明治維新でイギリス・フリーメイソンによって支配されたために〝イギリス・フリーメイソン〟側の国である。一方でドイツというのは実は〝アメリカ・フリーメイソン〟側の国であるのだ。

これまで私は、イギリス・フリーメイソンが世界征服を達成するために、世界の様々な国々で国家侵略を行っていると述べて来たが、そのイギリス・フリーメイソンの真の本拠地とは、実は〝スイス〟なのだ（スイスに関しては第十四章でも詳述有り）。

この〝スイス〟にはその昔からマフィアなどの反社会的集団が寄せ集まっており、この〝スイス〟こそが陰謀論で出て来るユダヤ人国家の〝ハザール帝国〟のことである。

そして、この〝スイス〟と〝ドイツ〟とは国同士が隣接し、ドイツは正統な皇帝国家であるのに対して、スイスというのはマフィアなどの反社会的集団の集落であったことから、両者は政治的に長年対立し合い、ドイツは常にスイス（イギリス・フリーメイソン）の侵略に遭っていたのだ。

そして、イギリス・フリーメイソン（スイス）はアヘン戦争などで世界の主権を奪った

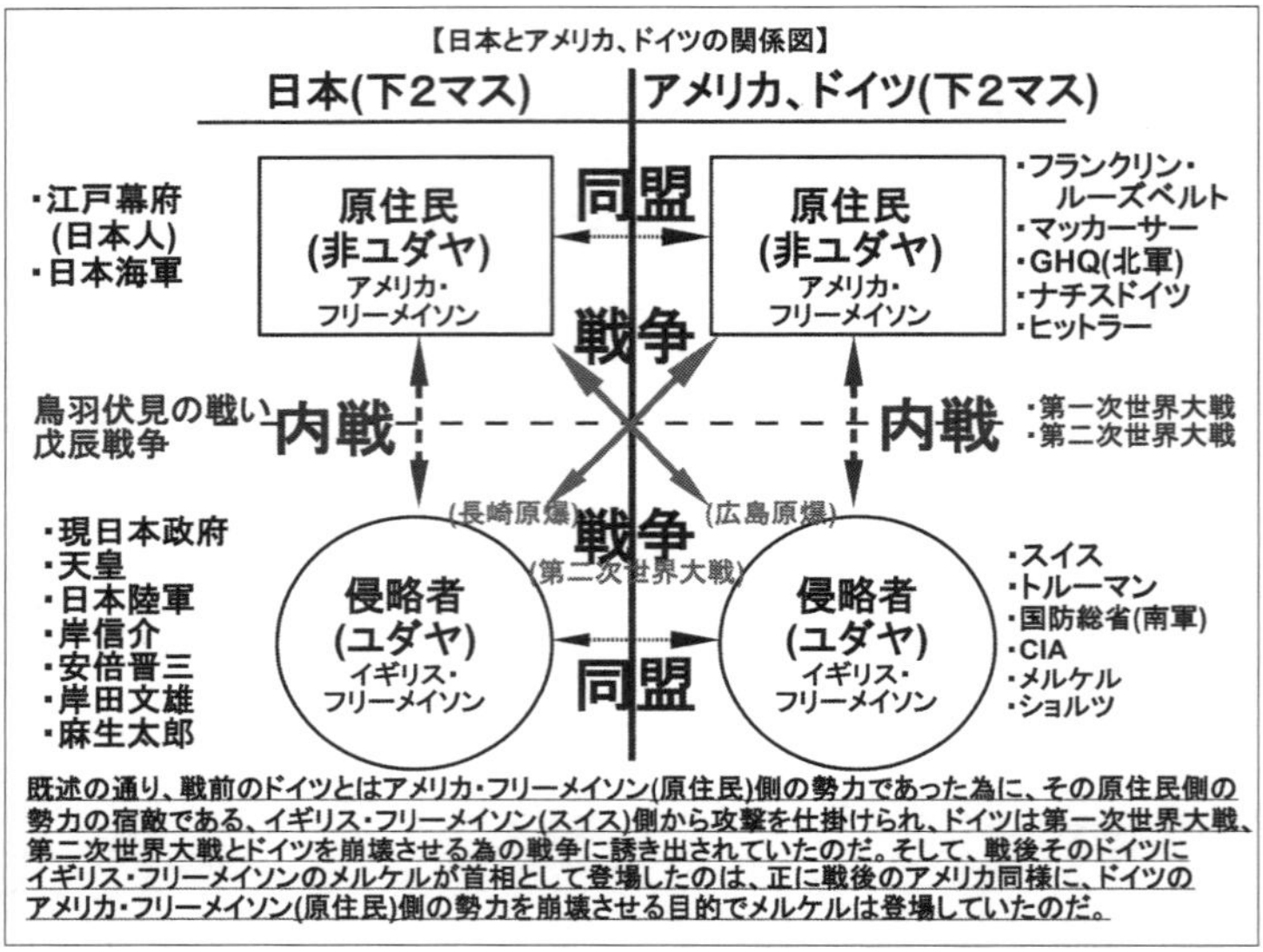

アメリカ・フリーメイソンのドイツと、イギリス・フリーメイソンの日本、スイス、イギリスとの相関図

後に、宿敵のドイツに対して第一次世界大戦と第二次世界大戦を仕掛け、ドイツを徹底的に打倒しようとしていたのだ（第一次世界大戦後にドイツでハイパーインフレが起きていたのも、全ては金融で世界を操作するイギリス・フリーメイソン（スイス）の仕業であったのだ）。

　また、第三章で述べたように、アメリカにはアメリカ東海岸南部をイギリス・フリーメイソン、アメリカ東海岸北部をアメリカ・フリーメイソンとして2024年現在も政治的住み分けが行われているが、アメリカ軍もアメリカ南北戦争の時代のように、実は1つのアメリカ軍として存在しているのではなく、アメリカ軍はイギリス・フリーメイソン側の米軍（南軍）と、アメリカ・フリーメイソン側の米軍（北軍）とで分かれているのだ。

そして、第二次世界大戦の時に、イギリス・フリーメイソンは宿敵のドイツ（アメリカ・フリーメイソン）を打倒するために、アメリカ本土から、そのイギリス・フリーメイソン側の米軍（南軍）をヨーロッパへ派遣し、ドイツ（アメリカ・フリーメイソン）を徹底的に打倒しようとして戦争を行っていたのだ。

一方で日本に対してアメリカは、アメリカ・フリーメイソン側の米軍（北軍）を日本へ派遣し、先述したイギリス・フリーメイソンの岸信介や麻生太郎の一族を打倒するために、徹底的に戦争を行っていたのだ。

つまり、アメリカという国は1つの国のように見えて、1つの国ではなく、〝アメリカ・フリーメイソン（イルミナティー、ＤＳ）〟と〝イギリス・フリーメイソン（ユダヤ）〟というように一国内に政治的二面性があるということなのだ。

註　２００５年から２０２１年までイギリス・フリーメイソン（イギリス、スイス）の宿敵であるドイツで、アンゲラ・メルケルが16年もの超長期でドイツの首相に就いていたのも、イギリス・フリーメイソンによってアメリカ・フリーメイソンのドイツを侵略させるためだったの

SIEMENS

ドイツ最大手の重工業会社のシーメンス

水中核実験を隠喩して作られた天津飯

だ。そして、ドイツは、韓国同様にメルケルによってドイツのイギリス・フリーメイソン化が完了した。現在、ドイツの首相を務めるショルツもメルケル同様にイギリス・フリーメイソンであるのだ。

註　長崎原爆はドイツがその開発に関わり、中国・天津で作られたと私は分析をする。現在も中国・天津にはアメリカ・フリーメイソン側のドイツの最大手重工業企業の〝シーメンス〟社が存在している。戦前からドイツは中国・北京に近い天津や山東省の青島に拠点を持っており、長崎原爆はこの一帯で開発されたと筆者は分析をする。第二次世界大戦が勃発した時、中国の土地はアメリカ・フリーメイソンの中華民国側の土地であり、同じくアメリカ・フリーメイソンのドイツがこの地に存在し、拠点を構えることには政治的合理性があるのだ。そして、これは筆者の想像であるが、日本には天津飯と呼ばれる中華料理が存在しているが、この天津飯の形とは〝水中で爆発させた原爆〟を模しているのではないかと考えるのだ。諜報組織というのは常にこのように〝ダイニングメッセージ〟を残している。

第七章

日本海軍はイギリス・フリーメイソン（日本政府）に抵抗した

日本海軍はイギリス・フリーメイソンが仕掛けた太平洋戦争に気が付いていた

戦前の日本陸軍と日本海軍とは全くその政治方向性が異なっていた。

前章でアメリカ軍が〝イギリス・フリーメイソン側の米軍（南軍）〟と〝アメリカ・フリーメイソン側の米軍（北軍）〟とで分かれていると述べたのと同じく、実は戦前の日本の軍部に於いても、陸軍はイギリス・フリーメイソン（ユダヤ）側、海軍はアメリカ・フリーメイソン（原住民）側と政治的に分かれていたのだ。

1941年12月8日、太平洋戦争の開幕に際し、ハワイに向かっていた海軍であったが、この戦争もイギリス・フリーメイソン（日本政府）が日本人を崩壊させるために仕掛けた戦争であるということを海軍側は見破っていたために、日本海軍は戦争に勝てるようにと同じアメリカ・フリーメイソンであるロシア側の北方領土を通って、イギリス・フリーメイソンのハワイへと出撃したのだ（ハワイはイギリスの侵略を受けて、ハワイ王国が消滅しており、ハワイ旗には今もイギリス旗が描かれている）。

そして、日本海軍は太平洋戦争を故意に開幕させたイギリス・フリーメイソン（日本政府）に反撃するために、1941年12月25日、イギリスのアジアでの最重要拠点である

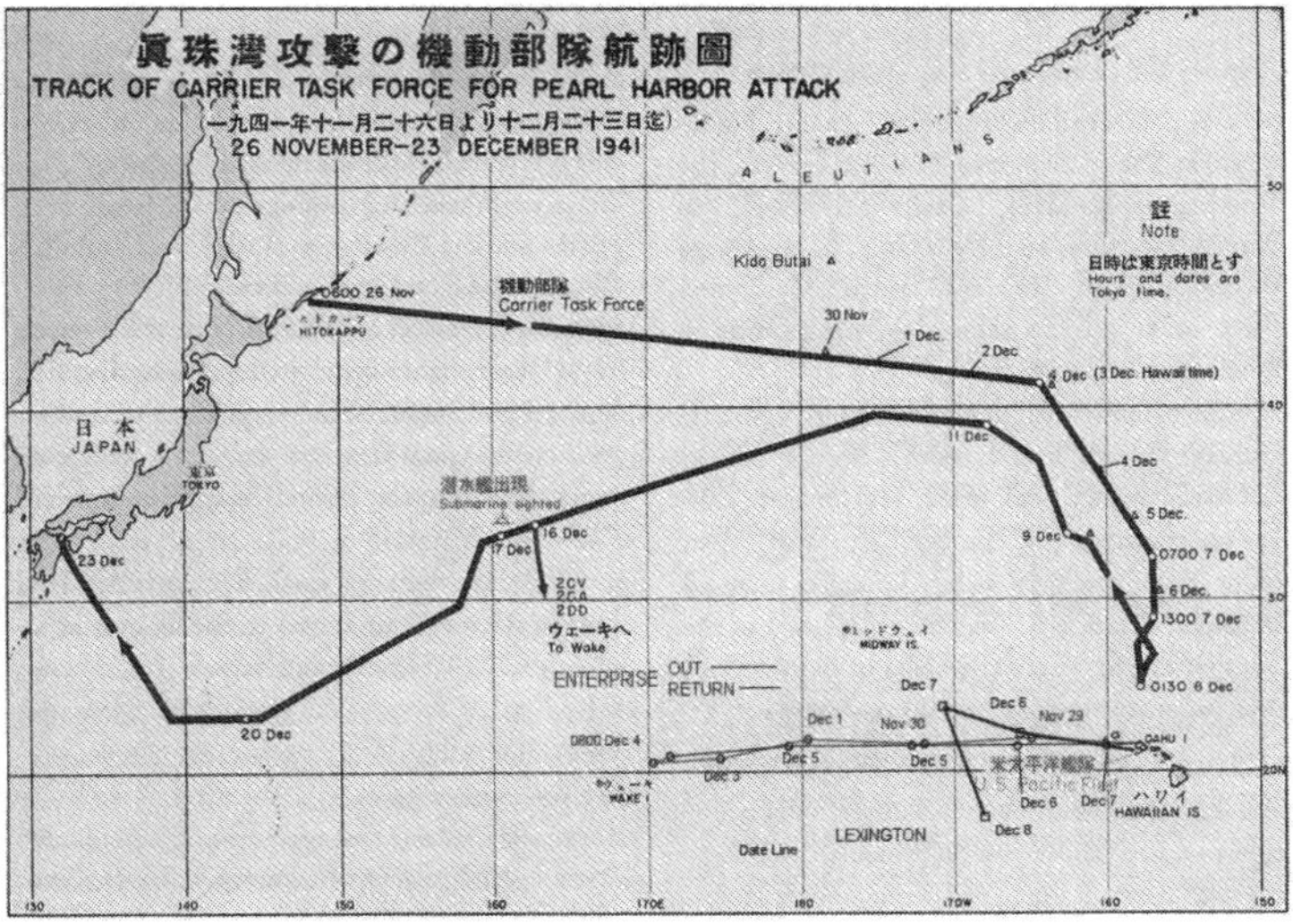

ロシア側の北方領土を通りハワイへ向かった海軍

イギリス旗が描かれているハワイ旗

1941年12月25日、
香港占領に成功した日本軍

〝香港〟を占領することで、太平洋戦争でイギリス・フリーメイソン側の弱体化を図ったのだ（香港とはアジアに於けるイギリス・フリーメイソンの最大の金庫であった）。

既述したように、日本軍側は日露戦争でのロシアからの賠償金不払いから、フリーメイソンへの研究を行っており、イギリス・フリーメイソン（日本政府）の手の内は読めていたのだ。

そして、日本海軍は占領した香港で、アヘン戦争や明治維新など様々な戦争などを通して、イギリスが香港に隠匿している大量の〝金塊〟を、イギリス・フリーメイソンの手の届かない香港の外へ再隠匿したのだ。

香港の金塊はフィリピンと南シナ海、インドネシア、北方領土に隠された

香港を占領した日本海軍は、太平洋戦争を故意に開戦させたイギリス・フリーメイソンを崩壊させるために、香港に隠匿されていたイギリス・フリーメイソンの大量の金塊を、イギリス・フリーメイソンの手が届かない土地に再隠匿した。

２０２４年現在、南シナ海や北方領土を巡って、イギリス・フリーメイソン（日本政府）とアメリカ・フリーメイソン（中国・ロシア）とが激しく争っているが、実はこの係

争の発端は、戦前に日本海軍が香港の大量の金塊を隠匿したことなのだ。

戦前、日本海軍はイギリス・フリーメイソン（日本政府）を崩壊させるために、香港にある大量の金塊を、イギリス・フリーメイソンの敵地であるアメリカ・フリーメイソンのＧＨＱ側のフィリピンや南シナ海、インドネシア、そしてロシア・北方領土へと隠匿することで、イギリス・フリーメイソン（日本政府）の弱体化を図ったのだ。

そして、戦後80年近くが経った今、その日本海軍が香港の金塊を隠匿したフィリピンや南シナ海、北方領土で係争が生じているのは、正に戦前日本海軍がイギリス・フリーメイソン（日本政府）から隠匿した、香港にあった大量の金塊の利権を巡って、アメリカ・フリーメイソン（中国、ロシア）とイギリス・フリーメイソン（日本政府）が激しく争っているからなのだ。

註　２０２４年現在、日本は韓国とも独島（竹島）を巡って係争を引き起こしているが、この独島（竹島）問題とはその実は領土問題ではなく、明治維新の時に朝鮮半島から盗んだ李王朝の大量の金塊のことを指しているのだ。明治維新の頃、日本政府は朝鮮半島を制圧することに成功し、朝鮮半島から李王朝の大量の金塊を、彼ら側の領土である山口県田布施町に近い、山口県の瀬戸内の小島である竹島に隠したのだ。そして、２０２４年現在、日本海の独島（竹島）

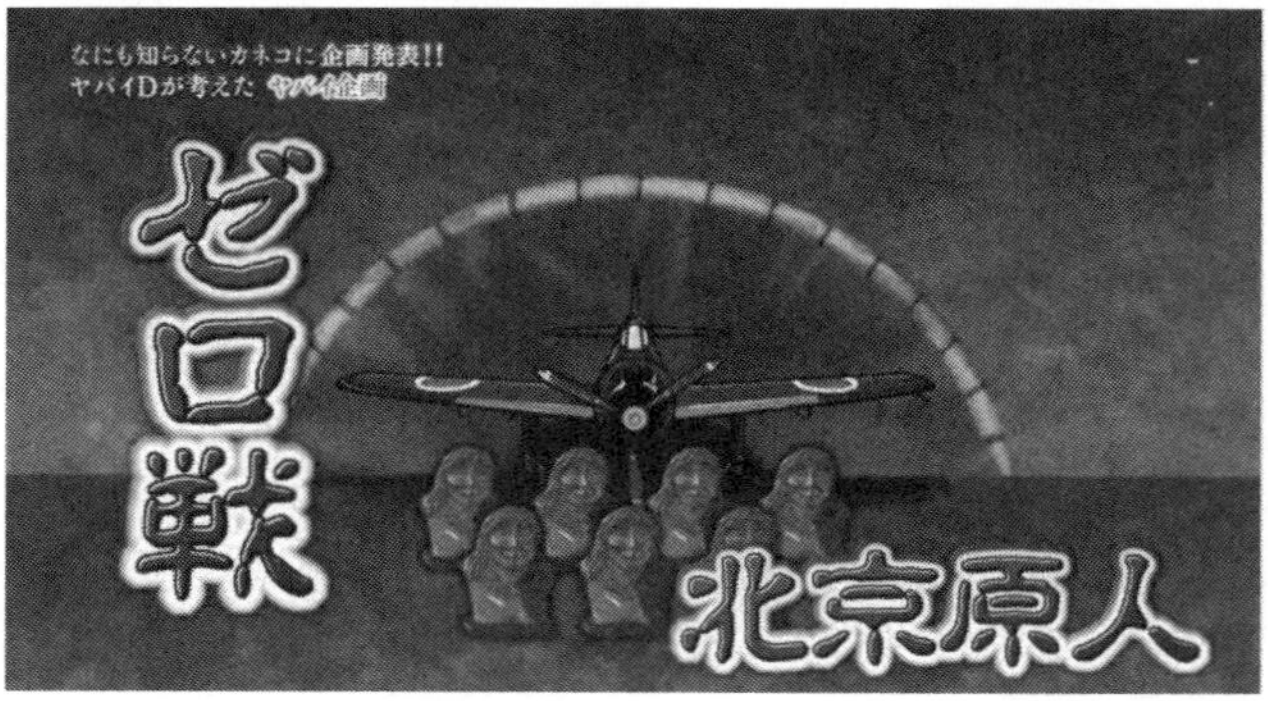

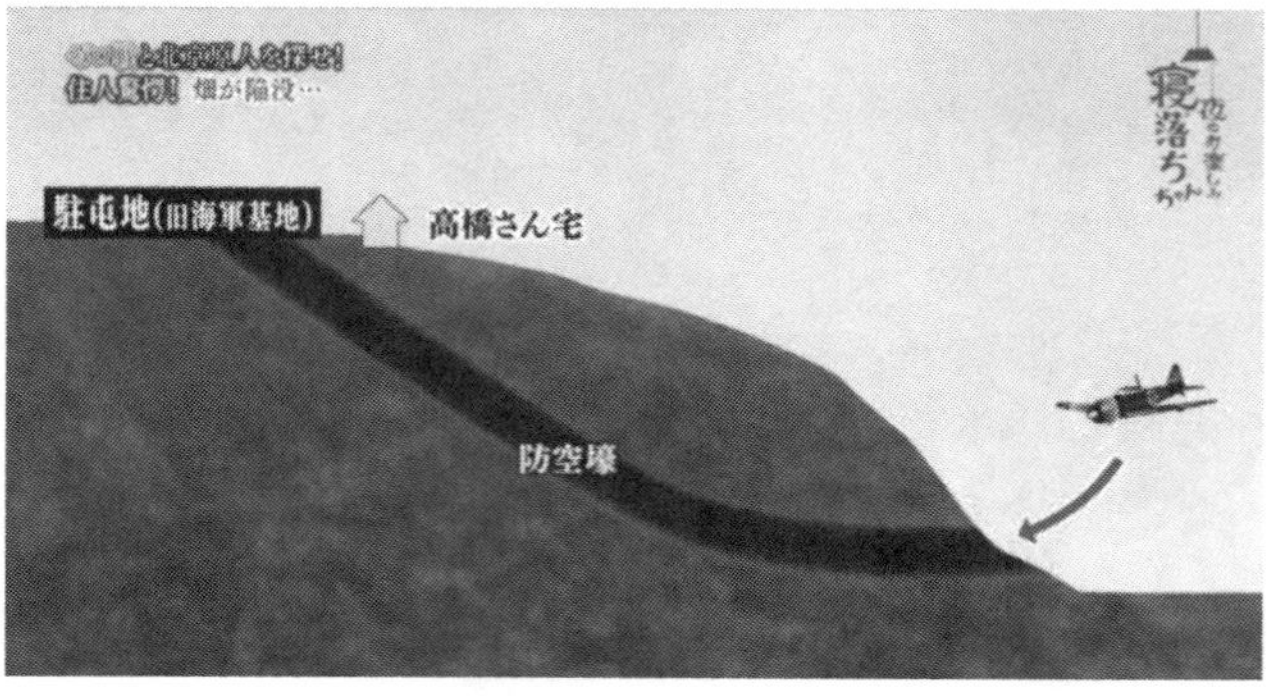

戦前香港の金塊を隠匿する事に必死だった日本海軍

フィリピンの金塊や美幌の地下滑走路などを調査した高橋五郎氏

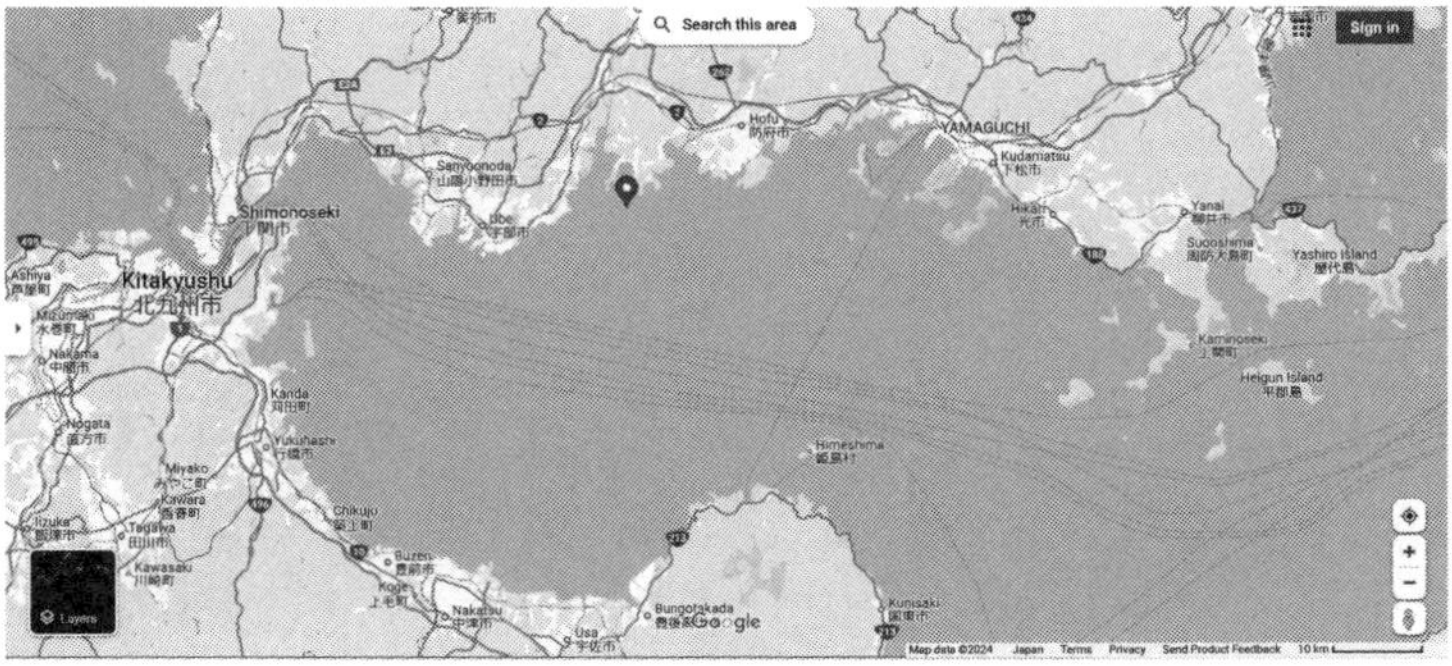

山口県の瀬戸内海にある竹島

で政治係争が生じているのは、この明治維新の頃に日本政府が盗み出した李王朝の金塊の利権を巡って、韓国は日本と争っているからなのだ。そして、以前安倍晋三が韓国側に提示した〝佐渡の金山〟とは、その明治維新の頃に朝鮮半島から盗み出した金塊の補塡として提示した代物であったのだ。

第八章

アメリカ・フリーメイソンの
ＧＨＱと極東裁判

イギリス・フリーメイソンの国「日本」を占領することに成功したアメリカ・フリーメイソンのGHQ

1945年8月15日の終戦を以って、日本は極悪イギリス・フリーメイソン（日本政府）から解放され、本来従属関係にあるべき原住民側の勢力のアメリカ・フリーメイソンのGHQの支配下に入れられた。

このGHQの日本占領により、GHQは広島原爆実行の口実となった大日本帝国憲法第九条にある〝天皇による緊急事態宣言〟と、〝天皇の絶対君主制〟を廃止にさせた。

GHQが作った日本国憲法で、日本国憲法第九条は〝戦力の全面的放棄〟となっているのは、戦前、日本政府らイギリス・フリーメイソンは、大日本帝国憲法第九条にある〝天皇による非常事態宣言〟を利用して広島原爆などの様々な大悪事を行って来たことから、GHQは再び天皇（日本政府）による日本軍を利用した広島原爆などの大悪事を行わせないために、日本国憲法第九条では大日本帝国憲法第九条とは対照的に、戦力を放棄させる〝禁止条項〟としたのだ。

そして、GHQ（アメリカ・フリーメイソン）は、GHQが日本を代表する唯一の軍隊であるとして1951年に日米安保条約を結ばせた。

しかし、この時までにイギリス・フリーメイソンは日本での覇権を諦めておらず、戦後イギリス・フリーメイソン（日本政府）側は、アメリカに於けるのと同じイギリス・フリーメイソンの当時のアメリカ大統領であるトルーマンを利用して、極東裁判で死刑判決を受けた岸信介の死刑回避に成功した後、朝鮮戦争を引き起こすことにより、GHQ側が朝鮮戦争で不利となるような戦況を作り出し、その朝鮮戦争での戦況を利用して、1951年、宿敵のGHQ・マッカーサーを日本から追放することに成功した。

マッカーサーを日本から追放した後、イギリス・フリーメイソン（日本政府）は再び日本をイギリス・フリーメイソンの支配下に置くべく、GHQが1951年に締結した、GHQ側の米軍（北軍）が日本の国軍となるようにとした「日米安保条約」を破棄させ、ついで、岸信介が首相に就いていた1960年に、アメリカのイギリス・フリーメイソン側の米軍（南軍）を日本の国軍とする新たな日米安保を結ばせ、今日のイギリス・フリーメイソン側の在日米軍（南軍）が築かれるに至っている。

（アメリカ（GHQ）が死刑判決とした岸信介が、アメリカの地を踏みイギリス・フリーメイソンが有利となる新たな日米安保を結ぶということは、アメリカ（GHQ）にとって最大なる屈辱でしかない）

第9条 天皇は、法律を執行するために、又は公共の安寧秩序を保持し、臣民の幸福を増進するために必要な命令を発し、又は発させる。ただし、命令で法律を変更することはできない。第10条 天皇は、行政各部の官制及び文武官の俸給を定め、文武官を任免する。

大日本帝国憲法第９条の抜粋

第九条 日本国民は、正義と秩序を基調とする国際平和を誠実に希求し、国権の発動たる戦争と、武力による威嚇又は武力の行使は、国際紛争を解決する手段としては、永久にこれを放棄する。 2 前項の目的を達するため、陸海空軍その他の戦力は、これを保持しない。国の交戦権は、これを認めない。

日本国憲法第九条 の抜粋

そして、マッカーサーはアメリカに帰還した後、イギリス・フリーメイソン（CIA・MI6）にハメられてGHQの地位を失ったということに気が付き、また同時にアメリカ（GHQ）にとって政治的に不利な状況にあるということに気が付いたマッカーサーは、自身がアメリカ大統領となることで、イギリス・フリーメイソンが主導しようとする世界征服を阻止しようと試みる。しかしまたしてもアメリカ国内でイギリス・フリーメイソン（CIA・MI6）による妨害工作に遭い、結局マッカーサーは再び世界の主導権を握ることができずに、１９６４年その生涯を閉じた。

註　第三章や第六章でも述べたが、アメリカでは地政学的に、アメリカ東海岸南部が〝イギリ

国防総省
United States Department of Defense

U.S. Department *of* Defense

役職	
長官	ロイド・オースティン
組織	
各省	陸軍省 海軍省 空軍省
概要	
所在地	アメリカ合衆国 バージニア州アーリントン郡ペンタゴン 北緯38度52分15.56秒 西経77度3分21.46秒
定員	軍人134万人 文官74万人
年間予算	7,215億米ドル（2020年度）
設置	1947年7月26日

中央情報局
Central Intelligence Agency

中央情報局の紋章

中央情報局の旗

CIA本部『ジョージ・ブッシュ情報センター』
（バージニア州ラングレー）

組織の概要	
設立年月日	1947年9月18日（76年前）
継承前組織	戦略情報局[1]
種類	独立機関（インテリジェンス・コミュニティーの構成機関）
本部所在地	アメリカ合衆国 バージニア

1947年、ユダヤによって設立された国防総省とCIA

ス・フリーメイソン側の領土〟、アメリカ東海岸北部が〝アメリカ・フリーメイソン側の領土〟と分かれていると解説を行ったが、アメリカ軍もまたこの地政学に従って、〝イギリス・フリーメイソン側の米軍（南軍）〟と〝アメリカ・フリーメイソン側の米軍（北軍）〟とに分かれているのだ。マッカーサー率いるGHQというのは〝アメリカ・フリーメイソン側の米軍（北軍）〟に属するのだが、イギリス・フリーメイソン側はアメリカを乗っ取るために、1945年にアメリカ・フリーメイソンのフランクリン・ルーズベルト大統領を暗殺した後、イギリス・フリーメイソンのトルーマンを大統領に据え置き、このトルーマンの時期に〝イギリス・フリーメイソン側の米軍（南軍）〟をアメリカの国軍とすべく国防総省（1947年）を設置し、戦後イギリスがアメリカを支配するための諜報機関であるCIA（1947年）をも設置させたのだ。そして、1945年にルーズベルトが暗殺されて以降のアメリカというのは、イギリス・フリーメイソン（ユダヤ）によって完全支配されているのだ。

註　現在アメリカ人が米軍に従事することが名誉であると言われているのは、戦前の日本と同様に、戦後ユダヤによって支配されたアメリカで、ルーズベルト大統領やマッカーサーのような原住民側のアメリカ人を消滅させるために、米軍への従事に抵抗をなくさせ、米軍に進んで従事させようとする働きであるのだ。

極東裁判で死刑を免れたユダヤ人（在日朝鮮人）の岸信介
死刑に処された非ユダヤ人（日本人）の東條英機

１９４８年12月23日、この日は平成の天皇の誕生日であるが、正にその日、太平洋戦争開戦の１９４１年から１９４４年まで首相を務め、太平洋戦争を指揮した東條英機は、Ａ級戦犯として死刑に処された。

１９４４年に東條英機が首相の座を追われたのは、１９４５年の終戦まで東條英機に首相を務めさせた場合、日本軍側が勝利することを、イギリス・フリーメイソン側は恐れからであり、それ故に東條英機を首相の座から引きずり降ろしていたのだ。

繰り返すが、イギリス・フリーメイソンというのは常に戦争を利用して、その国の原住民を壊滅させようとする。

そのため、非ユダヤ人の日本人を打ち負かすために開戦させた太平洋戦争で、日本人（日本軍）が勝ってしまうと、日本人を壊滅させるためにイギリス・フリーメイソンによって仕組まれた太平洋戦争の意味がなくなってしまうのだ。

なので、太平洋戦争で善戦していた東條英機率いる日本軍が、この太平洋戦争で勝つと

ユダヤによって闇に葬り去られた東條英機

いうことは、広島原爆が実行できなくなるなど、イギリス・フリーメイソンの世界征服の計画に大幅な狂いが生じるために、絶対禁忌であったのだ。

そして、１９４８年12月23日の平成の天皇の誕生日に東條英機ら多くのA級戦犯が死刑に処されていたのは、太平洋戦争でアメリカ・フリーメイソン（GHQ）側は東條英機率いる日本軍側から壊滅的な攻撃を受けていたことと、昭和天皇（イギリス・フリーメイソン）が広島原爆を行ったことから、その仕返しとして広島原爆を行った昭和天皇の後継者である平成の天皇の誕生日を選んで、天皇（イギリス・フリーメイソン）の代わりに東條英機らは死刑に処されていたのだ（広島原爆を行った昭和天皇の直系の子孫である平成の天皇は、その広島原爆の政治的利権をも継承することからGHQはそれを嫌った）。

また一方で、同じくA級戦犯であったイギリス・フリーメイソンの重鎮の岸信介が極東裁判で死刑を免れたのは、イギリス・フリーメイソン側がトルーマンに対して差し金を行い、岸信介の死刑を回避させたからだ。

第九章

蘇った悪魔（イギリス・フリーメイソン）の岸信介と日米安保（日英安保）

再び世界を侵略するイギリス・フリーメイソン（日本政府）

１９５１年にイギリス・フリーメイソン（日本政府）の宿敵であるアメリカ・フリーメイソンのＧＨＱのマッカーサーを日本から追放した後に、イギリス・フリーメイソン側は再び日本や世界での主権を確立するために、アメリカ・フリーメイソン潰しの工作活動を始めた。

マッカーサーが日本から撤退した早々の1951年9月8日に締結されたサンフランシスコ平和条約調印式の様子

先ず手始めにイギリス・フリーメイソン（日本政府）が始めた世界征服のための工作活動とは、１９５１年９月８日に締結された「サンフランシスコ平和条約」である。

イギリス・フリーメイソン（日本政府）側は、第二次世界大戦時に世界中からせしめた〝金塊〟を担保に、アメリカ・フリーメイソンの親英勢力に対して大金をばら撒き、世界中の国々を政治買収し、イギリス・フリーメイソン側にとって有利な国際情勢となるように、政治的な仕掛けを作ったのだ。

それが「サンフランシスコ平和条約」の正体であるのだ。

この「サンフランシスコ平和条約」で「朝鮮半島の独立」とあるのは、イギリス・フリーメイソンの日本政府と、アメリカ・フリーメイソンの韓国とは、朝鮮併合以前から長らく係争関係にあり、そして、日本政府側は戦後も引き続いた係争を回避するために、この時までに日本政府側は韓国政府（アメリカ・フリーメイソン）の李承晩大統領を韓国から追放し、ついで、日本政府（イギリス・フリーメイソン）に従順であった旧日本軍の軍人の朴正熙に韓国を統治させ、日本政府（イギリス・フリーメイソン）に対して抵抗しない大韓民国を作り上げたのだ。

それ故に、この「サンフランシスコ平和条約」に記されている「朝鮮半島の独立」とは、真に大韓民国（アメリカ・フリーメイソン）が日本政府（イギリス・フリーメイソン）から独立したことを言っているのではなく、日本政府に都合の良い朝鮮半島の支配のことを「朝鮮半島の独立」と呼んでいるに過ぎないのだ。

本当は日本のパシリであった朴正熙

また、この「サンフランシスコ平和条約」には「台湾の利権の放棄」ともある。これはイギリス・フリーメイソン（日本政府）側がアメリカ・フリーメイソンの中華民国を台湾へ島流しにさせるために、戦前台湾の主権を有していた日本（イギリス・フリーメイソン）とアメリカ・フリーメイソン（中華民国）側とが政治的干渉が起きないようにと、イギリス・フリーメイソン（日本政府）側がアメリカ・フリーメイソン側に配慮して意図的に立てられた政治条文であるのだ。

沖縄に唯一残ったアメリカ・フリーメイソンのGHQ

1951年にアメリカ・フリーメイソンのGHQを日本から追放することに成功したイギリス・フリーメイソンの日本政府側は、同じく1951年にGHQが日本での国軍をGHQ（アメリカ・フリーメイソン）側の米軍（北軍）とする日米安保条約を締結したにも拘らず、1960年にイギリス・フリーメイソンの岸信介が、戦後、イギリス・フリーメイソン側の国となったアメリカとの間に、新たにイギリス・フリーメイソン側の米軍（南軍）を日本の国軍とする〝新日米安保条約〟を結んだことにより、日本国内の米軍とは基本的にはイギリス・フリーメイソン側の米軍（南軍）となった。

１９６０年に岸信介がアメリカを訪れ、この新日米安保を結ぼうとした頃、日本では激しく若者（学生）が岸信介の訪米と日米安保の改悪に反対していた。これは、戦後ＧＨＱが確立した日本人（ＧＨＱ）の利益が覆されそうになっていたために、あの当時の日本人は激しく岸信介の訪米に反対していたのだ。

そして、その１９６０年に岸信介が新たに結んだ日米安保により、日本国内の米軍とはイギリス・フリーメイソン側の米軍（南軍）となったのだが、その中でも唯一在日米軍の地位がＧＨＱ（北軍）側のまま変わらなかった場所があるのだ。

日米安保改悪を阻止するために国会を包囲する学生達

それが、沖縄にある在日米軍なのだ。

沖縄は戦後、アメリカ・フリーメイソンのＧＨＱ側の支配下に入り、１９６０年に改悪された〝新日米安保〟でもその適用下にはならずに今日にまで至っているのだ。

そして、今日その沖縄で普天間基地の返還に伴う、辺野古移設問題が生じている本質は、この普天間基地とはアメリカ・フリーメイソンのGHQを政治象徴させる場所であり、昨今、日本本土でイギリス・フリーメイソンが推し進めようとする、GHQが制定した日本国憲法の改憲が如く、イギリス・フリーメイソン側は日本でGHQ（アメリカ・フリーメイソン）の影響を排除し、日本を完全にイギリス・フリーメイソンの支配下に収めようとしているからである。その一環として、アメリカ・フリーメイソン（GHQ）を象徴する普天間基地から、イギリス・フリーメイソンを政治象徴させる辺野古へ基地を移転させることで、政治象徴的にイギリス・フリーメイソンによる日本の完全支配を世界に知らしめようとして生じている出来事なのだ。

註　この辺野古移設問題の発端となったのは1996年に当時の橋本龍太郎首相がアメリカ側との交渉の末に、普天間基地の返還を約束してもらったことに遡る。しかし、この橋本龍太郎が行った普天間基地の返還交渉も、イギリス・フリーメイソン側からすれば日本から宿敵のGHQを追放するための行動に過ぎず、当時の橋本龍太郎は戦後イギリス・フリーメイソンによって支配されているアメリカや、自国の日本政府側に騙されながら普天間返還交渉を行ってしまったのだ。

第十章

戦後、再びイギリス・フリーメイソンに侵略される世界の国々

中国大陸（世界）を再び支配するために中華民国を台湾へ島流しにし、中国共産党を作ったイギリス・フリーメイソン

戦前から日本政府（イギリス・フリーメイソン）が韓国（アメリカ・フリーメイソン）側と朝鮮半島の利権を巡り、1909年の初代首相であった伊藤博文の暗殺などを通して熾烈な係争を繰り返していたように、日本政府（イギリス・フリーメイソン）側は中国大陸に於いてもアメリカ・フリーメイソンの中華民国と日中戦争などを通して熾烈な争いを繰り広げていた。

1937年に中華民国の首都・南京で日本軍による中国人に対する大量虐殺が生じていたのも、世界の主権を巡ってイギリス・フリーメイソンvsアメリカ・フリーメイソンの争いから全ては生じていたのだ。

そして、戦後も中国大陸ではアメリカ・フリーメイソンの中華民国が主権を握っていたが、イギリス・フリーメイソンはどうにかして、この宿敵のアメリカ・フリーメイソンの中華民国を中国大陸から排除する必要があった。

それは、中国大陸は広く、人口や鉱物も十分に存在するため、イギリス・フリーメイソ

東京日日新聞

百人斬り'超記録'

向井106―105野田

兩少尉さらに延長戰

【紫金山麓にて十二日淺海、鈴木兩特派員發】

百六對百五といふレコードを作つて十日正午兩少尉はさすがに

刄こぼれした日本刀を片手に對面した

'百人斬り競爭'の兩將校

南京大虐殺と報じる新聞

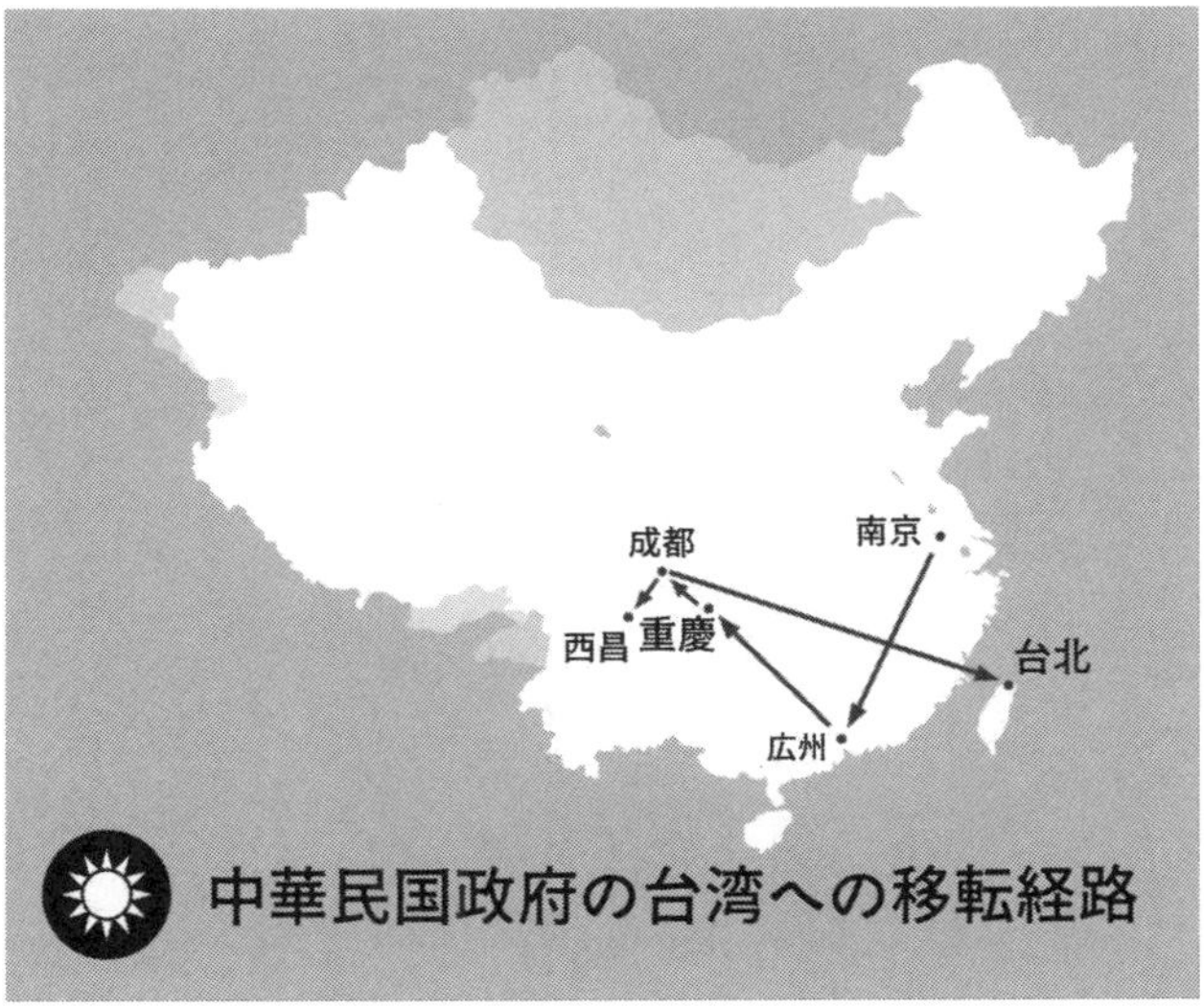

中華民国が台湾へ島流しにされるまでの様子

ン（日本政府）からすれば、強国のアメリカから支援を得られる中華民国とは、イギリス・フリーメイソンの極悪なる世界征服を妨害する脅威以外の何物でもなかった。

そして、毛沢東率いる中国共産党との国共内戦の末に、1949年中華民国はイギリス・フリーメイソン（日本政府）の期待通りに小島の台湾へと島流しとなったのだ。

アジアの国々を〝カネ〟と〝女〟で懐柔するイギリス・フリーメイソン

1951年にイギリス・フリーメイソン（日本政府）は、宿敵であるアメリカ・フリーメイソンのGHQを日本から追放した後、全世界を懐柔する「サンフランシスコ平和条約」を締結するなどして、再び世界での地位を確立して行った。

戦後、アジアや世界では旧宗主国であった白人国家（イギリス・フリーメイソンなど）から、多くの国々がアメリカ・フリーメイソン（GHQ）によって独立を遂げたが、イギリス・フリーメイソンはこれら独立を遂げた国々を再び支配下に収めるべく、経済工作など様々な工作活動を展開した。

先ず、アジアに於いてイギリス・フリーメイソンが行った工作とは「ASEAN」の導入である。

ASEAN 加盟国

この「ASEAN」とは東南アジアの国々の国家連合のことであるが、実際のところは、イギリス・フリーメイソンが独立した東南アジアの国々の、経済と政治を支配するために作った、イギリス・フリーメイソンの政治戦略的国家連合のことであるのだ。

具体的には、日本の経済力の高さを利用して、経済弱国の東南アジアの諸国を日本の高度な経済の奴隷とすることで、戦後も引き続きイギリス・フリーメイソンの支配下に置こうとするものである。

また、戦後間もなく、インドネシアの大統領夫人として赤坂のホ

インドネシアへ渡った根本七保子（デヴィ・スカルノ）

ステスであった「デヴィ・スカルノ（根本七《な》保子《おこ》）」がインドネシアへ渡ったのも、イギリス・フリーメイソン（日本政府）によるインドネシア買収がその根底にあったために、イギリス・フリーメイソン（日本国籍）の地位を有す「デヴィ・スカルノ（根本七保子）」をインドネシアへ向かわせたのだ。

註　２０２３年に「デヴィ・スカルノ（根本七保子）」はウクライナを訪問した。ウクライナを支援していたのも、「デヴィ・スカルノ（根本七保子）」がイギリス・フリーメイソン側の勢力であるが故に、彼女はイギリス・フリーメイソン支配下のウクライナを支援したのだ。また、その「デヴィ・スカルノ（根本七保子）」がウクライナを訪問した後の、２０２３年３月に当時の日本の首相であった岸田文雄がウクライナを訪問したのも、彼もイギリス・フリーメイソンであるが故に、そのイギリス・フリーメイソンが支配下に収めたウクライナを訪問することで、宿敵のアメリカ・フリーメイソン側のロシアを牽制していたのだ。

ＪＦＫ（ジョン・Ｆ・ケネディー）はイギリス・フリーメイソンに騙されアメリカの国益を売り飛ばそうとして暗殺された

１９４５年の「広島原爆」と「長崎原爆」で、第二次世界大戦は終結したかのように見えるが、既述の通り、戦後もイギリス・フリーメイソンは世界の覇権を巡って、アメリカ・フリーメイソン側に対して放棄を行っておらず、好戦的にアメリカ・フリーメイソンを挑発し続けた。

１９６１年に大統領に就任したＪＦＫ（ジョン・Ｆ・ケネディー）もその例外ではない。彼はアメリカ・フリーメイソンであったのだが、ＧＨＱ・マッカーサー同様にイギリス・フリーメイソン（ＣＩＡ、ＭＩ６）の工作活動に遭い、イギリス・フリーメイソンからアメリカの国益を売り飛ばすように仕向けられていた。

そのアメリカの国益とは「長崎原爆」に関してのアメリカの利益であった。イギリス・フリーメイソンは、イギリス・フリーメイソン（日本政府）の重鎮であった麻生太郎の一族を暗殺する、アメリカ・フリーメイソンによる「長崎原爆」の政治的利益と引き換えに、アメリカに対して「巨額債券（ケネディー債）」を発行する形で、ＪＦＫ（ジョン・Ｆ・

1963年に暗殺される直前のJFK

ケネディー）に対して譲歩を求めていたのだ。

しかし、既述の通りこの「債券」も「紙幣」と同じく、その「債券」の価値は紙切れと同じで真の価値はなく、この「紙切れ（債券）」と引き換えにアメリカの核心的政治利益である「長崎原爆」を、宿敵であるイギリス・フリーメイソン側に売り飛ばしてしまうと、アメリカ・フリーメイソン側には原爆に関する政治的利益が残らなくなってしまうのだ。

１９６３年にＪＦＫ（ジョン・Ｆ・ケネディー）が、アメリカのイギリス・フリーメイソン側の領地であるテキサス州で銃殺されたのは、このイギリス・フリーメイソンによるＪＦＫ懐柔劇を牽制して、アメリカ・フリーメイソンがＪＦＫを反逆者として認定し暗殺したからだ。

ユダヤを牽制するためにニューヨークの空港に名付けられたJFK

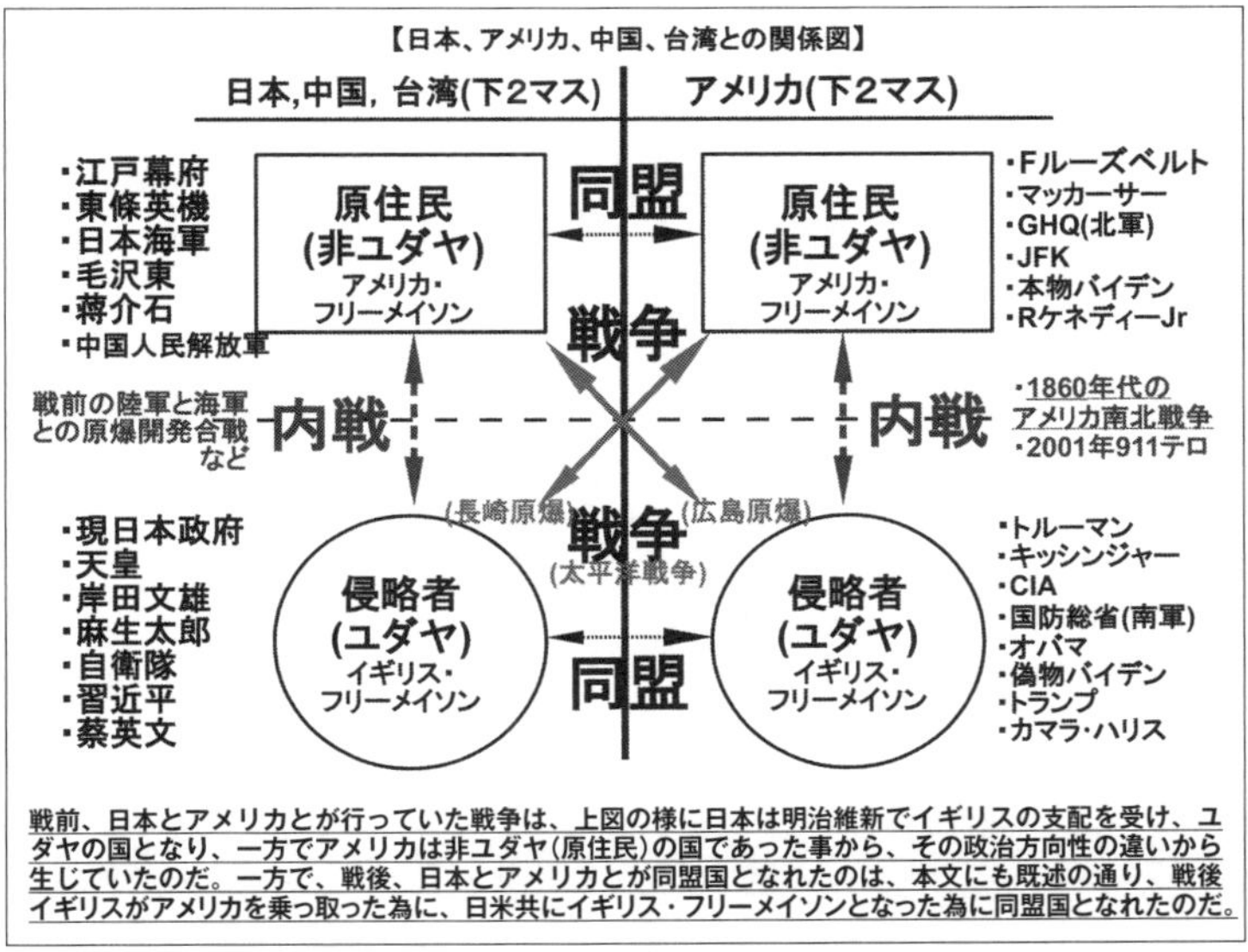

日本、アメリカ、中国、台湾との関係を示した図

そして、ＪＦＫが死亡した後に、アメリカ・フリーメイソンの本拠地であるニューヨークの空港にＪＦＫの名を冠した空港が作られたのは、ニューヨークとはアメリカのイギリス方面からの玄関口であるが故に、アメリカを崩壊させようとしたイギリス・フリーメイソンを牽制してニューヨークの空港の名を「ＪＦＫ」としたからだ。

註　毎年10月頃にアメリカでは政府の債務不履行（デフォルト）が言われるのは、ＪＦＫ時代にＪＦＫがアメリカの政治的利益である「長崎原爆」と引き換えに、巨額債券の「ケネディー債」の発行を受けたがためである。その後アメリカはこのイギリス・フリーメイソンが発行した「ケネディー債」を元に国が動いているが故に、国際政治でイギリス・フリーメイソン側が不利となる状況に置かれると、イギリス・フリーメイソン側はアメリカを牽制するために、この「債券」を発行しない動きを見せることから、アメリカは債務不履行に陥りかねないのだ。つまり、現在のアメリカの財務はイギリスに

ユダヤにより発行された巨額のケネディー債

牛耳られているということなのだ。

註　２０１７年まで麻生太郎を政治象徴する福岡県北九州市に「スペースワールド」が置かれていたが、実はこのスペースワールドとはケネディー債の隠語であるのだ。既述の通り、このケネディー債とは日本の極悪イギリス・フリーメイソンである麻生太郎の一族を抹殺するために行われた「長崎原爆」の政治的利益と引き換えに発行された債券である。イギリス・フリーメイソン側は長崎原爆の政治的利益と引き換えに、ケネディー債が発行されたことを政治象徴させて、ケネディー債に〝スペースシャトル〟が描かれているように、このケネディー債を象徴する〝スペースワールド〟を麻生太郎の北九州市に設置したのだ。そして、この〝スペースワールド〟が２０１６年のアメリカ大統領選挙後の２０１６年12月に廃園となった。これは、２０１６年のアメリカ大統領選挙で麻生と同じくイギリス・フリーメイソン側の大統領であるドナルド・トランプがアメリカ大統領に選出され、トランプ政権によって麻生太郎の脅威となるアメリカ・フリーメイソン側の勢力がアメリカ本土や世界中から排除されたことにより、この時までにイギリス・フリーメイソン（麻生太

2017年まで北九州に設置されていたスペースワールド

郎＝現行日本政府）の崩壊を防ぐための「スペースワールド（ケネディー債）」の役目は果たせたことから、政治的に「スペースワールド」は撤去されることとなったのだ。また、日本でこの「スペースワールド」のように、企業や人をコントロールしている組織とは公安調査庁や内閣法制局である（アメリカ・フリーメイソンの鳩山由紀夫が首相の時代に内閣法制局と距離を置いていたのは、内閣法制局が極悪イギリス・フリーメイソン組織であるからなのだ）。

核兵器の保有によりベトナム戦争に勝ち〝香港〟と〝台湾（尖閣諸島）〟を手に入れた毛沢東（中国人民解放軍）

既述の通り、イギリス・フリーメイソンは中国での国共内戦を利用して、宿敵のアメリカ・フリーメイソン側の中華民国の蔣介石を小島の台湾へと島流しにしたことから、中国大陸での主権者は毛沢東率いる中国共産党となった。

しかし、イギリス・フリーメイソン側は毛沢東らが有利となるように、中国大陸での主権を与えたのではなく、イギリス・フリーメイソンは再びアヘン戦争の時代のように、中国大陸で主権を確立させるべく、毛沢東ら中国共産党に中国大陸での主権を一時的に与えたに過ぎなかったのだ。

ベトナム戦争対立図

そして、イギリス・フリーメイソン側は中国での主権を毛沢東から奪うために「ベトナム戦争」を画策した。

しかし、この「ベトナム戦争」で意外にも善戦した毛沢東は、核兵器を保有したことから、この「ベトナム戦争」では勝利したのだ。

そして、毛沢東は「ベトナム戦争」の戦果から、イギリスのアジアでの核心的利益である「香港」と「台湾」とを手に入れることに成功した。

だが、嫉妬深いイギリス・フリーメイソンはこの毛沢東に渡った「香港」と「台湾」とを略奪すべく、次なる謀略を立てたのだ。

註　1890年代に起きた日清戦争の結果により台湾は日本へと割譲されることとなった。この日清戦争のように戦争に勝利した国は賠償として土地や領土などを得られる権利が生じるのだ。ベトナム戦争で中国が勝利すると判明した1960年代頃から中国が尖閣諸島に関する領有権を主張し出したのも、ベトナム戦争で中国側が勝利したことから、その戦争賠償として中国側は尖閣諸島（台湾）を要求し、日本政府側はこれに応じようとしないことから、昨今の尖閣諸島（台湾）を巡る問題が生じているのだ（日本政府側は台湾を中国へ与えないために、中国のユダヤ人である鄧小平に対して多額の賄賂を与えた。詳しくは後述する）。

註　1970年代前半に香港で毛沢東ブームが起きていたのも、ベトナム戦争で毛沢東が勝利し香港を手に入れたことから、当時イギリス領土であった香港で毛沢東ブームが引き起こされていたのだ。

〝香港〟と〝台湾〟奪還のために中国に遣わされたイギリス・フリーメイソンのキッシンジャー

イギリス・フリーメイソンにとって、ベトナム戦争での毛沢東の勝利は想定外であったと言える。

毛沢東はこのベトナム戦争で、イギリスの核心的利益（金庫）である「香港」と「台湾」とを手に入れたことから、それまでの経済貧国であった中国とは違って「香港（清国）」や「台湾」の資産を活用して、飛躍的に経済大国へと成り進むことが明白であった。

そのため、イギリス・フリーメイソンは、中国大陸を再び侵略するためには、どうして

実はイギリスの使者であったキッシンジャー

1976年の同じ時期に暗殺（逝去）された毛沢東と周恩来

も毛沢東から「香港」と「台湾」とを奪還する必要があった。１９７１年頃よりアメリカの外交官であったキッシンジャーが中国を度々訪れていたのも、このベトナム戦争で中国に渡ったイギリスの核心的利益（金庫）である「香港」と「台湾」とを中国から略奪するためであり、イギリス・フリーメイソンの特使として中国に遣わされていたのだ。

そして、キッシンジャーが中国を訪問し出してから、毛沢東に認知症の症状が出始め、毛沢東の右腕であった周恩来に１９７２年膀胱癌が見つかった。その翌年の１９７３年にキッシンジャーはノーベル平和賞を受賞していた。これは、毛沢東の後継者であった周恩来を、後継者として機能不全に陥れることに成功したことから、これを讃えてイギリス・フリーメイソン側はキッシンジャーへノーベル平和賞を与えたのだ。

（戦後、イギリス・フリーメイソンに支配されたノーベル賞とは常に皮肉な賞となっている）

そして、1976年、周恩来と毛沢東は、イギリス・フリーメイソンの謀略の下、二人時期を同じくして逝去したのだ。

註　毛沢東の認知症であるが、私はイギリス・フリーメイソンが毛沢東に対し、食べ物や飲み物、治療薬（ワクチン）に認知症を誘発する物質を混入していたのではないかと分析している。

註　現在世界ではユダヤ人優性の動きが広まっているが、そのユダヤ人優性の動きを作ったのは、イギリス・フリーメイソンでユダヤ人のキッシンジャーである。キッシンジャーはアメリカで国務長官時代にユダヤ人を優遇する法案を作り、ユダヤ人が非難されないようにしたのだ。しかし、戦前のフランクリン・ルーズベルト大統領の時代のアメリカは、今とは違い反ユダヤ主義が主流であり、アメリカの大手自動車メーカーのフォードの創業者ヘンリー・フォードも筋金入りの反フリーメイソン（反ユダヤ）主義であった。つまり、アメリカ（世界）は1945年を境にその主権者がアメリカ・フリーメイソン（原住民）からイギリス・フリーメイソン（ユダヤ＝侵略者）へと替わったことから、世界もまた反ユダヤ主義からユダヤ主義へと変わったということなのだ。

アメリカ・フリーメイソンの蔣介石を暗殺したイギリス・フリーメイソン

イギリス・フリーメイソンは政敵が完全に崩壊するまで徹底的に攻撃する。

1949年、国共内戦に敗れたアメリカ・フリーメイソン（中華民国）の蔣介石は中国大陸から小島の台湾へ島流しにされたが、引き続き台湾で中華民国を建てた。

しかし、イギリス・フリーメイソンの真の目的はアメリカ・フリーメイソンの崩壊、即ち中華民国（国民党）の崩壊にあった。

また、ベトナム戦争では中華民国は南ベトナム側で、毛沢東率いる中華人民共和国（北ベトナム）と戦ったが、先述したように、中華人民共和国の核兵器の保有成功により、西側諸国を代表する南ベトナムはベトナム戦争で敗北が決定的となり、これにより同じく南ベトナム側で参戦していた中華民国も敗北が決定的となった。

戦争で負けた国家には何らかの報復が待ち受けている。

ベトナム戦争での敗北により、中華民国は1971年に国連からの脱退を余儀なくされ、1969年に蔣介石は交通事故という名目で、体調を崩し、表舞台から姿を消した。

1975年にユダヤによって暗殺された蔣介石

そして、蔣介石は1975年に死亡することになるのだが、イギリス・フリーメイソンは中華民国（国民党）を中国に割譲させないために、水面下でイギリス・フリーメイソン（日本）の地位を有す李登輝を台湾の政治家へと抜擢《ばってき》したのだ。

註　第一章でも述べたが、フリーメイソンの活動目的は世界中のゴールドを略奪することにある。そのゴールドとは標高の高い山に多く存在しているのだ。イギリス・フリーメイソンは標高の高い（金塊含有率が高い）山が存在する台湾に目を付け、明治維新後には日清戦争を用いて台湾を中国から略奪し、第二次世界大戦後は中華民国の手に渡った台湾を再び略奪するために宿敵であるアメリカ・フリーメイソンの蔣介石の暗殺を謀ったのだ。

シンガポールは中国を侵略し、香港と台湾の利権を守るために
イギリス・フリーメイソン（日本政府）によって作られた

１９６５年８月９日、ベトナム戦争が行われている中でシンガポールは建国された。シンガポールを建国させた理由とは、ベトナム戦争で中国が核兵器を保有することによって東南アジア一帯に於いて影響力を持つことをイギリス・フリーメイソン側は恐れた。そこでイギリス・フリーメイソンは中国でのイギリス・フリーメイソン（ユダヤ）側の土地である、中国南部の広東省潮州出身の客頭であった李光耀（リー・クアンユー）の一族に東南アジアと中国、台湾とを支配下に収めさせるために、シンガポールを建国させたのだ。

客頭（クートウ）とは人身売買のブローカー（ヤクザ）のことである。アメリカや日本にも〝イギリス・フリーメイソン（侵略者）側の土地〟と〝アメリカ・フリーメイソン（原住民）側の土地〟とがあるように、中国でも大きく分けて中国南部は〝イギリス・フリーメイソン（ユダヤ）側の土地〟であり、一方で中国北部は〝アメリカ・フリーメイソン（原住民）側の土地〟であるのだ。現在、東南アジアやオーストラリアなどで中国人移

ユダヤによる世界征服のために1965年に建国されたシンガポール

民が多数存在しているのも、その殆どは、李光耀（リー・クアンユー）一族のように客頭（ヤクザ）による人身売買で、世界中に中国人が散らばされたのだ。

そして、シンガポール建国のもう一つの重要な目的とは、香港の資産をシンガポールへ移すことにあった。

既述の通り、ベトナム戦争での中国側の勝利により、イギリス・フリーメイソンの核心的利益である〝香港〟が中国側に奪われることは明白であった。そのため、イギリス側は香港の資産が全て中国側に奪われないようにと、香港と同じような民主主義（フリーメイソン）的な機能を持つ土地を、東南アジアに於いても作らせることで、香港を喪失するダメージを軽減させようとしたのだ。

また、イギリス側がシンガポールを長崎原爆と同じ〝8月9日〟に建国させたのは、ベトナム戦争で勝利したアメリカ・フリーメイソン側を牽制させてのことである。

註　Singaporeとは〝中国人村（Chinese-Estate）〟の意味である。

註　このシンガポール建設にも日本政府は資金の拠出を行っており、その証としてシンガポールを代表する〝チャンギ空港〟の〝チャンギ〟とは、日本でのイギリス・フリーメイソンの拠点である〝長崎〟の中国語読みの〝チャンチー〟を訛らせた物である。

イギリス・フリーメイソンの鄧小平と李登輝

1976年に毛沢東と周恩来が死去してから、イギリス・フリーメイソンは中国の代表として鄧小平を指名した。

ユダヤによる中国乗っ取りのために選ばれた鄧小平

それは鄧小平が毛沢東とは異なり、中国の四川省出身のユダヤ人（異邦人）であるが故である。同じユダヤ人同士でイギリス・フリーメイソン（ユダヤ）の核心的利益である「香港」と「台湾」に関する協議の土俵を作るために、中国のユダヤ人の鄧小平を中国の代表に抜擢したのだ。

この鄧小平の時代に、香港の隣町に深圳市が建

鄧小平懐柔の結果作られた広東省深圳市

イギリス・フリーメイソンの李登輝

設され、当時のイギリスの首相であったマーガレット・サッチャーが中国を訪れ鄧小平と会談を行っていたのも、全てはイギリスの核心的利益である「香港」と「台湾」の行方を巡っての出来事であった。

また、同じ時期に台湾ではイギリス・フリーメイソンの李登輝が政治の世界で頭角を現して来ていた。全てはアメリカ・フリーメイソンの中華民国（国民党）を崩壊させ、中華民国（国民党）を乗っ取るためにイギリス・フリーメイソンの特使として李登輝は登用されたのだ。

註　フリーメイソンとは中国語で〝洪門会（ホンメンフイ）〟と呼ぶ。香港という地名は本当のところは、〝香港（ホンコン）〟ではなく、フリーメイソンを意味する〝洪港（ホンコン）〟であるのだ。それ故に、イギリス・フリーメイソンはフリーメイソン（洪門会）の核心的利益（金庫）である〝香港（洪港）〟

の利権を宿敵中国から奪うことに必死になっているのだ。

註　この鄧小平の時代に香港（台湾）の代替都市として、イギリス・フリーメイソンによって作られた〝深圳市〟であるが、その資金の拠出は全て日本政府が行った。この当時の日本の首相である福田赳夫が深圳市建設の資金の拠出を行ったことから、この深圳市の中心区の名前は、福田赳夫を記念して〝福田区〟となっている。また、この時に、同じく福田赳夫によって自民党の派閥である〝清和会〟が作られている。香港（台湾）の返還を巡って、香港（台湾）の代替都市として深圳市への拠出資金を確保したり、官製人身売買の隠喩である「パンダ外交」の取り決めを中国側としたことから、中国（清）と日本（和）を記念して〝清和会〟が作られたのだ。そして、このイギリス・フリーメイソン側の「パンダ外交」と逆関係にある政治事象が、アメリカ・フリーメイソン側による「北朝鮮拉致事件」である（アメリカ・フリーメイソン側は北朝鮮拉致事件を起こすことでイギリス・フリーメイソンのパンダ外交を牽制した）。

註　毛沢東、蔣介石死去以降の中国や台湾では、中国のユダヤ人である鄧小平や李登輝、そしてシンガポールでも李光耀（リー・クアンユー）などの客家（ユダヤ）中国人が一気に台頭していたのは、台湾を毛沢東側の中国の原住民勢力に渡さないために、イギリス・フリーメイソン側はユダヤ人同士のネットワークを築かせることで台湾を奪われないようにしたのだ。既述の通り、台湾はベトナム戦争の結果から中国へ割譲されてもおかしくはないのだが、イギリス・フリーメイソン（日本政府）側が鄧小平に対して多額の賄賂を贈与したことから、台湾は現状を維持することに成功したのだ。それ故に、現在も台湾の行方を巡って大きく揺れているのは、イギリス・フリーメイソン側から賄賂をもらっていない、ベトナム戦争で勝利した中国の最大派閥である毛沢東派の中国人民解放軍が台湾の利権を主張しているからであるのだ。

天安門事件の真相　香港を巡る交渉で決裂したイギリス・フリーメイソン

イギリス・フリーメイソン側は、中国のユダヤ人である鄧小平を利用して、イギリスの核心的利益である「香港（洪港）」を再びイギリス側へ略奪しようと策略を立てていたが、この計画は見事なまでに打ち砕かれることとなる。

先ず、１９８２年に当時のイギリス首相であったマーガレット・サッチャーは中国を訪れ、鄧小平と香港返還を巡り交渉を行ったが、この交渉が決裂したことを指し示すように、この交渉の帰り際、サッチャーは北京の政治の中心の人民大会堂の玄関の階段で大きく転び、それが大きく報じられることとなった。

1982年北京の人民大会堂で転倒するサッチャー

また、その7年後の1989年、北京では天安門事件と呼ばれる学生（若者）による〝民主化運動〟が引き起こされていた。イギリス・フリーメイソンは香港の行方に関して全く譲歩しようとしない中国に対して強い不満を持ったことから、その不満の表れとして、政治に対して無知なる若者（学生）を使った民主化運動（テロリズム）の〝天安門事件〟を引き起こしていたのだ。

そして、この天安門事件（民主化運動）は、1988年に中華民国の総統に就いた、イギリス・フリーメイソンの李登輝が後方支援していた。そのため、中国の政治では李登輝が中国転覆の天安門事件（民主化運動）を引き起こしたとして、中国ではイギリス・フリーメイソンのテロリストとして現在も恐れられ、また反対に、イギリス・フリーメイソン（日本政府）では李登輝は高く評価されるに至っているのだ。

註　1982年に李登輝の長男の李憲文がガンにより若くして死去したのは、中華民国を乗っ取った李登輝に対してアメリカ・フリーメイソン側による政治報復の結果であると分析する。政治とは常に物理法則のように「作用と反作用」とが働くものなのだ。

註　2019年にその香港で民主化暴動を引き起こしたのも、1989年に北京で起きた若者（学生）による民主化暴動の天安門事件と同じく、香港の利権を諦めきれないイギリス側の勢力である。

民主主義とはフリーメイソンによる国家侵略（乗っ取り）の標語

民主主義という言葉を聞いて久しいが、実のところ、この民主主義という言葉はフリーメイソンが一国を侵略するための標語であるのだ。世界の歴史を見てみると、世界各国では長年、王族や武将による〝独裁国家〟を形成することで、一国を繁栄させて来た。それはいうまでもなく、一国の主を1人に決める方が国政が安定するからである。

例えば、会社を例に取ると、会社には社長が存在し、その社長の指示の下に会社は安定的に成り立っているが、もしも会社に民主主義の原理のように、その上層部に対立する人間を入れては、組織は安定的にはなれないのだ。

これと同じく、フリーメイソンというのは、その安定的に国政を行う〝独裁国家〟に対して〝民主主義〟を標榜《ひょうぼう》した国家侵略を行い、国家の転覆と乗っ取りを行うのだ。

1700年代末にフランスで起きた〝フランス革命〟もまた、その本当の目的は、イギリス・フリーメイソン（スイス）が、フランスの王政を転覆させようとして行われた、イギリス・フリーメイソンによる侵略革命（ユダヤ革命）であったのだ。

そして、イギリス・フリーメイソンは〝フランス革命〟でフランスの王政を転覆させた後、イギリス・フリーメイソン側の勢力がフランス国内で主権を握れるようにと〝民主主義〟を導入させたのだ。

このフランス革命時に〝ジャコバン派（山岳派）〟と呼ばれる政党が結社された。この〝ジャコバン派〟の別名の〝山岳派〟とは、世界征服を企むイギリス・フリーメイソンの真の本拠地である〝スイス（山岳）〟のことを示唆している。この当時、イギリス・フリーメイソンはフランスに於いても侵略（乗っ取り）を行っていたということが分かるのだ。

そして、2017年から始まったフランスのマクロン政権は、フランス国旗がそれまでの〝明るい青色〟からフランス革命後の〝濃い青色〟に変更された。これはマクロンが、フランス乗っ取りのためにイギリス・フリーメイソンによって登用された大統領であるが故に、イギリス・フリーメイソンの国家侵略に対してその歩調を合わせるために、フラン

2020年マクロンによって色が変えられたフランス国旗

ス革命後にイギリス・フリーメイソンによって作られたフランス国旗と同一の〝濃い青色〟のフランス国旗としたのだ。

　また、マクロンが登場するまで使われていた〝明るい青色〟のフランス国旗とは、１９７６年に当時のフランス大統領がＥＵ旗に近づけようとして、〝明るい青色〟のフランス国旗としたのだ。ところがこのＥＵというのは実はアメリカ・フリーメイソン側の組織である。それ故に、イギリス・フリーメイソンのマクロンはフランス国旗の青色を、イギリス・フリーメイソン寄りの〝濃い青色〟へと故意に変更したのだ（当時、そのイギリス本土では宿敵のアメリカ・フリーメイソン側の組織であるＥＵから離脱しようと必死だった）。

　そして、日本でも戦後、アメリカ・フリーメイソン（ＧＨＱ）によって、本格的に民主主義が導入された。戦後の日本での民主主義の導入の意味とは、明治維新以来イギリス・フリーメイソンが敷いた天皇を用いた独裁体制を崩壊させるために、つまり、イギリス・フリーメイソンによる日本支配を終焉させるために、ＧＨＱはＧＨＱによる民主主義を戦後の日本に導入させたのだ。
つまり、民主主義とは良い意味でも、悪い意味でも「独裁体制の崩壊のために使われる装置」のことなのだ。

註　日本の民主主義は１９５１年にアメリカ・フリーメイソンのＧＨＱを日本から追放したことにより、イギリス・フリーメイソンに乗っ取られ、イギリス・フリーメイソンの政党である自民党による一党独裁の政治が敷かれ今日に至っている。

朴正煕暗殺後に頭角を現し始めた大韓民国のフリーメイソン（国家情報院）

既述の通り、戦後、日本（イギリス・フリーメイソン）から解放された大韓民国であったが、アメリカ・フリーメイソンの大韓民国による日本侵略を嫌ったイギリス・フリーメイソンの日本政府は、大韓民国初代大統領の李承晩を韓国から追放した後、イギリス・フリーメイソン（日本政府）側にとって都合が良い、旧日本軍人の朴正煕を大統領として据え置くことで、イギリス・フリーメイソン（日本政府）側の利益が大韓民国から侵害されないようにと、地域の保身を図った。

しかし、韓国のフリーメイソン（侵略者（ヤクザ）＝国家情報院）達は、日本政府側が立てた朴正熙政権に対して非常に強い不満を持っており、中国・毛沢東らが逝去してから3年後の1979年、朴正熙も韓国のフリーメイソン（侵略者（ヤクザ）＝国家情報院）によって暗殺されるに至った（朴正熙は毛沢東同様に核兵器を保有することで、韓国内での敵勢力の国家情報院を排除し絶対的な地位を築こうとしていた）。

この韓国でのフリーメイソン（侵略者（ヤクザ）＝国家情報院）とは、李氏朝鮮時代は被差別身分の〝白丁（ぺくちょん）〟と呼ばれる者のことであり、これは第一章で述べたように、日本では江戸時代は被差別身分階級の〝穢多、非人〟であった、山口県田布施町の在日北朝鮮人の伊藤博文や岸信介などと同じく、韓国に於いても北朝鮮（高句麗）寄りの被差別身分階級の者が頭角を現し始め、大韓民国の主権を主張するようになったのだ。

そして、韓国のフリーメイソン（侵略者（ヤクザ）＝国家情報院）は、1979年朴正熙を暗殺することに成功したにも拘らず、大韓民国の原住民側の正規軍の韓国軍は、全斗煥を大統領に指名し、大韓民国を引き続き統治させたのだ。

この全斗煥が大統領の1980年代に、全羅南道の道都・光州で民主化を求める大暴動が引き起こされていたのも、韓国のフリーメイソン（国家情報院）が、全斗煥から韓国の

1980～1988年に大統領を務めた全斗煥

主権を奪還するために、中国の天安門事件と同じく政治に対して無知なる若者（学生）を動員させたイギリス・フリーメイソンによる政治テロであったのだ。

その後、大韓民国は全斗煥が下野した後に、本格的にフリーメイソン（国家情報院）が台頭し始め、2024年現在はアメリカ・フリーメイソン（国家情報院）の偽の大韓民国が作られるに至ったのだ。

註　朴正熙が生存下の1973年に金大中が東京で拉致される事件が発生していた。この拉致事件とは金大中（民主派＝フリーメイソン）と日本政府との接近を恐れた朴正熙によって行われた拉致事件であった。しかし、日本政府からすれば、金大中とはアメリカ・フリーメイソンであるが故に、朴正熙にこのまま政権を握らせておく方が、邪魔が入らず、安定したイギリス・フリーメイソンによる世界征服の政治が行えるのだ。しかし、その朴正熙政権の下では、韓国のフリーメイソン（国家情報院）は日の目を見れないことから、朴正熙は暗殺されたのだ。

註　全斗煥が大統領を退任して以降、現在も全斗煥が光州事件に関して悪いと罵られている。それは、現在の韓国の主権がイギリス・フリーメイソン側の国家情報院（韓国フリーメイソン）側にあるために、アメリカ・フリーメイソン側である全斗煥がイギリス・フリーメイソンの国家情報院から罵られているという訳なのだ。

フリーメイソン（国家情報院）に国を乗っ取られた、アメリカ・フリーメイソンの大韓民国

1948年に大韓民国は、アメリカ・フリーメイソンの李承晩によって建国が宣言され、その次に大韓民国の大統領に就いた朴正熙と全斗煥、盧泰愚、金泳三、金大中、盧武鉉、李明博、朴槿恵までの韓国は、それぞれの政治家に対してフリーメイソンとしての違いはあれど（李氏朝鮮時代に被差別身分であったのか、なかったのか）、基本的に地政学的にはアメリカ・フリーメイソン（南朝鮮＝李氏朝鮮）側の人物が大韓民国の大統領を務めて来た。

しかし、2017年に大統領に就いた文在寅はアメリカ・フリーメイソン（南朝鮮＝李

韓国歴代大統領

氏朝鮮）側の韓国大統領ではなく、イギリス・フリーメイソン（北朝鮮＝高句麗）側の唯一の韓国大統領であったのだ。

文在寅の系譜を見てみると、彼の両親は朝鮮戦争時代に、彼らの故郷の北朝鮮・咸鏡南道から、米軍によって戦争捕虜として大韓民国に連れて来られた一族であるのだ。それ故に、文在寅は出生時に韓国の国籍を持っておらず、彼が大韓民国の国籍を取得できるようになったのは、大韓民国の兵士として徴兵される直前のことである（徴兵には大韓民国の国籍条件がある）。

そして、北朝鮮に系譜を持つ（北

文在寅就任後に在韓米軍が移転された

韓国初の北朝鮮（高句麗）由来の大統領であった文在寅

朝鮮の国籍を持つ）文在寅が大統領の時代に、同じくイギリス・フリーメイソン（北朝鮮＝高句麗）に血縁を持つ安倍晋三と激しく政治的に争っていたのは、明治維新以来、韓国側と争って来た「満州にある金塊の利権」や「日本の利権」に関して、同じイギリス・フリーメイソン（北朝鮮＝高句麗）同士で骨肉の争いが如く激しく対立を繰り広げていたことによる（安倍晋三の血縁に関しては後章の第十三章で詳述する）。

また、韓国軍は、１９４８年の大韓民国建国時からアメリカ・フリーメイソン（北軍）の国軍であったのが、文在寅が大統領に就任した時にイギリス・フリーメイソンの韓国軍へと政治転換されたのだ。この韓国軍の政治転換に伴い、在韓米軍もその本部を、それまでのソウル龍山からソウル郊外の京畿道平沢へと移設した。これも、在韓米軍の地位がアメリカ・フリーメイソン（北軍）からイギリス・フリーメイソン（南

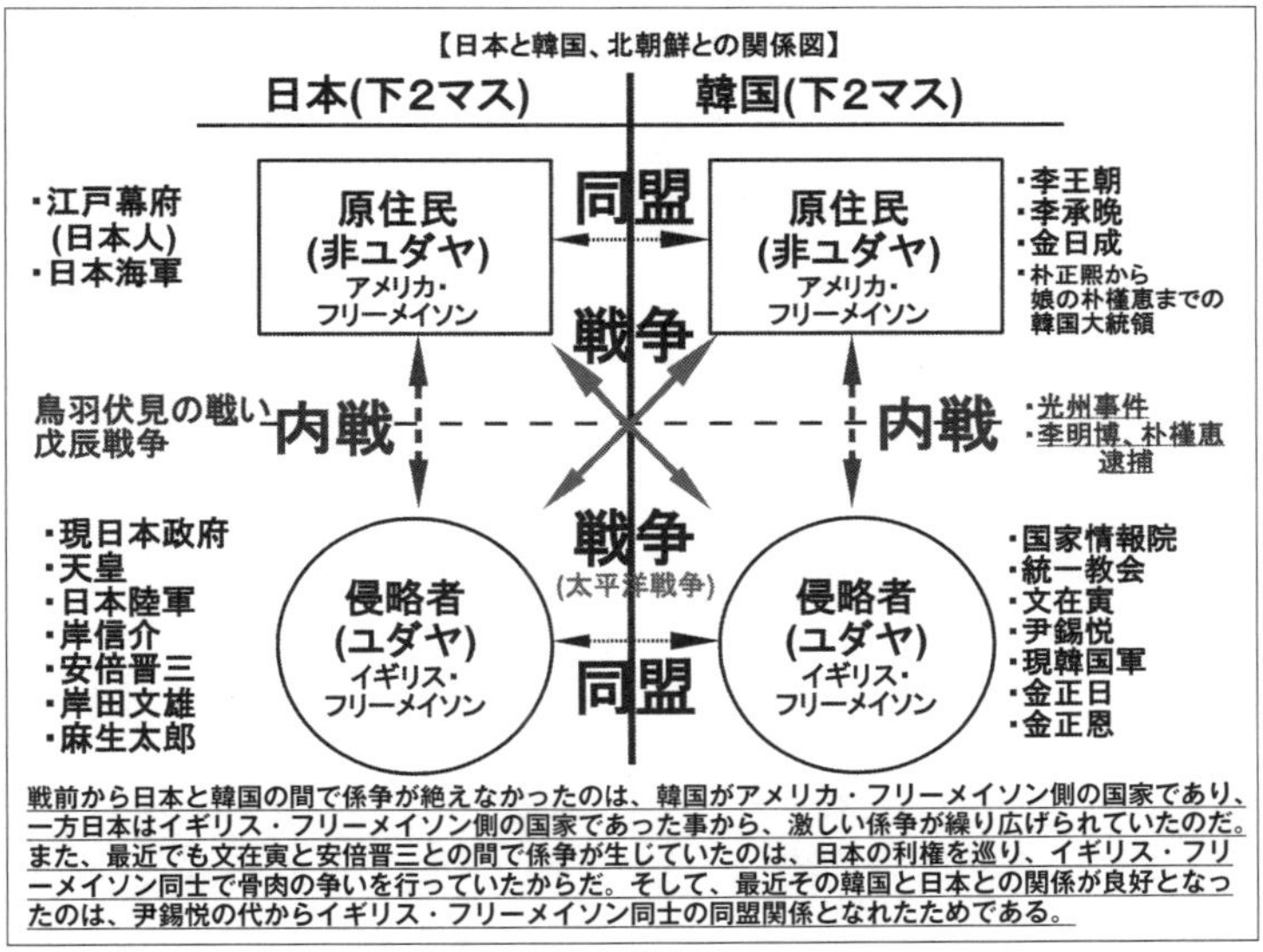

日本、韓国の対立と国内紛争のあらまし

軍）へと政治転換したためだったのだ。

この韓国軍の政治的地位の変更に伴い、韓国政治も大きく変わり、それまでアメリカ・フリーメイソンであった大韓民国は、イギリス・フリーメイソン（北朝鮮＝高句麗）の文在寅によってその国体を乗っ取られ、大韓民国はイギリス・フリーメイソン（北朝鮮＝高句麗）の大韓民国へとなってしまったのだ。

それ故に、文在寅の次の大統領で、現職大統領の尹錫悦の時代に、同じくイギリス・フリーメイソン（北朝鮮＝高句麗）の国軍である在日米軍と自衛隊、在韓米軍と韓国軍とが、北朝鮮（中国）に関する軍事情報を共有し始めたのは、同じイギリス・フリーメイソン（北朝鮮＝高句麗）同士で政治的基盤が整ったことで、情報共有が可能となったからだ。

つまり、現在の大韓民国は、現在のアメリカと同じく、アメリカ・フリーメイソンの大韓民国の看板を立てつつも、本当のところはイギリス・フリーメイソン（北朝鮮＝高句麗）に侵略された大韓民国であるということなのだ。

註　2024年現在、韓国の大統領を務めている尹錫悦であるが、彼もまた文在寅同様にイギリス・フリーメイソンと何らかのつながりがあると思われる。実際のところ、この尹錫悦は文在寅の傀儡政権であるのだ。尹錫悦が関連のあるイギリス・フリーメイソンとは〝統一教会〟ではないかと分析をしている。ちなみに、この統一教会とは日本政府側が韓国のフリーメイソン（国家情報院）を政治懐柔するために、拠出したカルト宗教団体である。イギリス・フリーメイソンの世界では、廃仏毀釈のように、侵略した国家内にユダヤ教のような〝カルト宗教〟を設置するのが鉄則となっている。

註　現在の韓国のフリーメイソンである国家情報院を作り、出資したのは日本政府である。日本政府は韓国国内から日本政府の脅威となる宿敵が出て来ることを恐れ、日本政府にとって好都合となるように韓国側に多額の出資を行って来た。その成果の1つが韓国内でのカルトの統一教会の設置である。故に、2024年現在韓国と日本とが融和的な政治となったのは、日本政府による韓国（国家情報院）懐柔（統一教会設置）の結果であると言えるのだ。

イギリス・フリーメイソンの謀略にハメられ崩壊したソビエト連邦

1909年にアメリカ・フリーメイソンは、イギリス・フリーメイソンの日本の初代首相であった伊藤博文を暗殺した後、1922年、同じアメリカ・フリーメイソンのウラジーミル・レーニンにソビエト連邦を建国させた。

しかし、そのソビエト連邦を建国したウラジーミル・レーニンも、ソビエト建国までにイギリス・フリーメイソンの暗殺の対象とされ、1924年1月、その生涯を閉じた。

波乱万丈の中で幕開けしたソビエト連邦であったが、このソビエト連邦の波乱は幕開けだけでは終わらず、ソビエト連邦存続期には1986年のチェルノブイリ原発事故などをはじめとして、終始その波乱が付きまとった。

そして、ソビエト連邦は1991年に崩壊するのだが、このソビエト連邦の崩壊のきっかけを作ったのもまた、イギリス・フリーメイソンであったのだ。

ステップ	第1段階 経済のユダヤ化	第2段階 国家のユダヤ化	第3段階 全人類のユダヤ化
例	アヘン戦争や明治維新によってその国から財力を略奪する段階	侵略したその国をユダヤ人によって支配させる段階	世界大戦などを引き起こし地球上に残ったユダヤの敵(非ユダヤ)を殲滅する段階

ユダヤの世界征服の3ステップ

イギリス・フリーメイソンは一国を侵略する第1段階として、一国の経済を侵略する。

1991年に国家崩壊するまでにソビエト連邦はイギリス・フリーメイソンによって、経済侵略を受け、経済による国家破綻の危機に瀕していた。

当然、ソビエト連邦の情報機関（KGB）も、イギリス・フリーメイソン（MI6、CIA）によるソビエト経済への侵略を把握していたために、方策を取ろうとしたが上手くは行かず、ソビエト連邦はイギリス・フリーメイソン（MI6、CIA）側に対して、ソビエト連邦の完全崩壊を回避するために、ソビエトの〝民主化（フリーメイソン化）〟を行ったのだ。

註　既述の通り、ベトナム戦争で中国側が勝利したことにより、中国はイギリス・フリーメイソンの核心的利益である香港をイギリス側から奪還することに成功した。中国は香港の資産を利用して経済大国になり発展することが明白であった。対して、その中国と共に、中国の同盟国であるソビエトの勢力拡大を恐れたイギリス・フリーメイソン側は、ソビエトの出鼻をくじくためにソビエトに対して経済工作を行い、ソビエトの崩壊を謀ったのだ。

第十一章

驚くべき〝偽物〟の指導者ばかりの現代ロシア史、現代中国史

イギリス・フリーメイソンによって民主主義国家とされたロシア

イギリス・フリーメイソンによるソビエト崩壊の経済工作のために、ソビエトは経済的に破綻しかけていたが、イギリス・フリーメイソンとの政治交渉により、経済を破綻させない代わりに〝民主主義（フリーメイソン化）〟の導入を約束した。

既述の通り、この〝民主主義〟とは、「フリーメイソンが独裁を崩壊させたい場合に使うイデオロギー」である。つまりソビエトは民主主義の導入を受け入れることでイギリス・フリーメイソンの侵略に屈したという訳なのだ。

そして、この〝民主主義（フリーメイソン化）〟がなされると、その一国には必ず〝フリーメイソンの血〟が流れることになる。

この〝フリーメイソンの血〟とは、ソビエトで言えば、ソビエト以外の血、即ち政治的にソビエトと対立するイギリス・フリーメイソン側の人物のことを指す。

そのソビエトと対立する人物とは、２００８年にロシア大統領に就任した〝メドベージェフ〟である。

実は２０１１年に当時首相であったプーチンは、この〝メドベージェフ〟が大統領の時

2008〜2012年に大統領であった
メドベージェフ

にメドベージェフによって逮捕されてしまったのだ。

イギリス・フリーメイソンがロシア侵略のために、宿敵となるロシアの原住民側の勢力であるプーチンを拘束することによって、国際政治からアメリカ・フリーメイソン側のロシアやプーチンの影響力を排除しようとして、プーチンの逮捕は行われたのだ。

それ故に、2024年現在、ロシアの大統領を務めているウラジミール・プーチンは、実は本物のプーチンではなく、本物のプーチンにそっくりな偽物であり、この偽物プーチンはメドベージェフ同様のイギリス・フリーメイソンなのだ。

イギリス・フリーメイソンは、1776年にアメリカが独立した時や、1860年代の日本の明治維新の時も、その国の原住民（アメリカ・フリーメイソン）側の勢力を暗殺や拘束することで、その国への侵略（乗っ取り）を伝統的に行って来ている。

そのため、ソビエト時代のソビエト連邦側も、イギリス・フリーメイソン（MI6）側の国家侵略の手の内は把握できていたために、ロシア連邦建国後、ロシア大統領にソビエト時代の諜報機関のＫＧＢ出身のエリート諜報員のプーチンに大統領を行わせることで、ソビエト（原住民）の利益を守り抜こうとしたのだ。

しかし、その結果はイギリス・フリーメイソン（ＭＩ６）の目論見通りに、ソビエト（ロシア）はイギリス・フリーメイソンの手に落ちてしまい、２０１１年以降は本物プーチンに代わり、イギリス・フリーメイソンが用意した偽物プーチンが出現するに至ってしまったのだ。

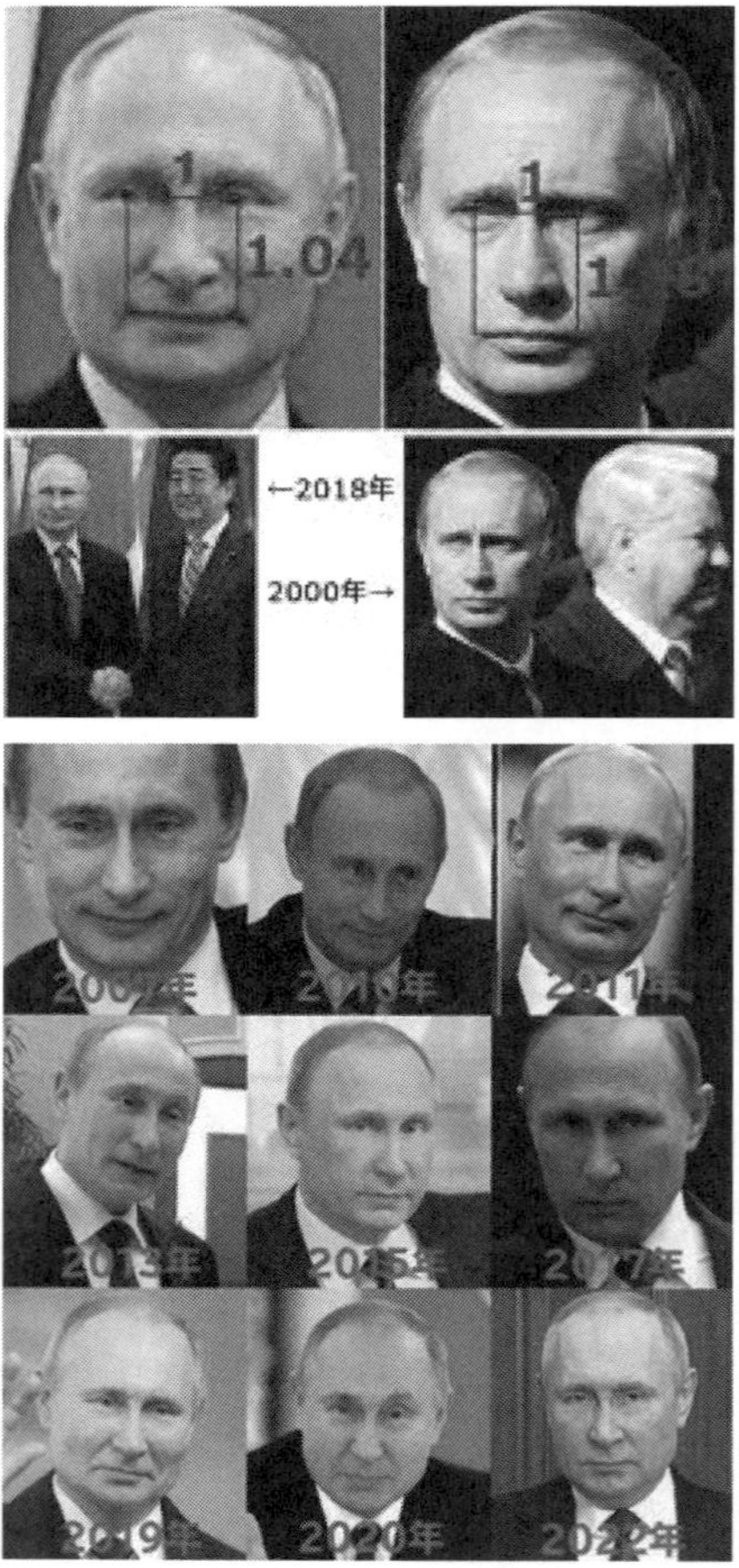

2011年を境に明らかに顔が異なるプーチン

註　今のロシアというのは〝連邦制〟を採っている。大きく広い一国のロシアに見えるが、ロシアは大きく分けて８つの連邦管区が存在している、それぞれの管区で軍部の性質が異なっており、イギリス・フリーメイソン側に属しないロシア軍も存在している。ただし、今のウクライナ方面との戦争を行っているモスクワ管区（中央連邦管区）側のロシア軍は、メドベージェフによってイギリス・フリーメイソン側の軍部となっている。

イギリス・フリーメイソンは支配下に収めたい国家の大統領や指導者などを暗殺または監禁し、〝偽物〟と置き換えることを好んで行っている

イギリス・フリーメイソンは一国を支配下に収める時に、一国の大統領などの国家指導者の暗殺や監禁を行い、イギリス・フリーメイソンが用意した、その人物にそっくりな〝偽物〟に置き換えることを好む。

これは、一国の政治をイギリス・フリーメイソン好みにするために〝偽物〟に置き換えることで、その国の主導権を奪おうとする物である。

具体的には、２０１１年の東日本大震災が生じた時期に、当時ロシア大統領であったイ

ギリス・フリーメイソンのメドベージェフが大統領特権を用いて、政敵である本物プーチンをイギリス・フリーメイソンの極悪なる世界征服のために拘束したのだ。

そして、アメリカでは2024年現在、アメリカの大統領を務めているジョー・バイデンも、実のところ、本物のジョー・バイデンではない。現在アメリカ大統領を務めているバイデンとは、こちらもイギリス・フリーメイソンが用意した、本物バイデンにそっくり

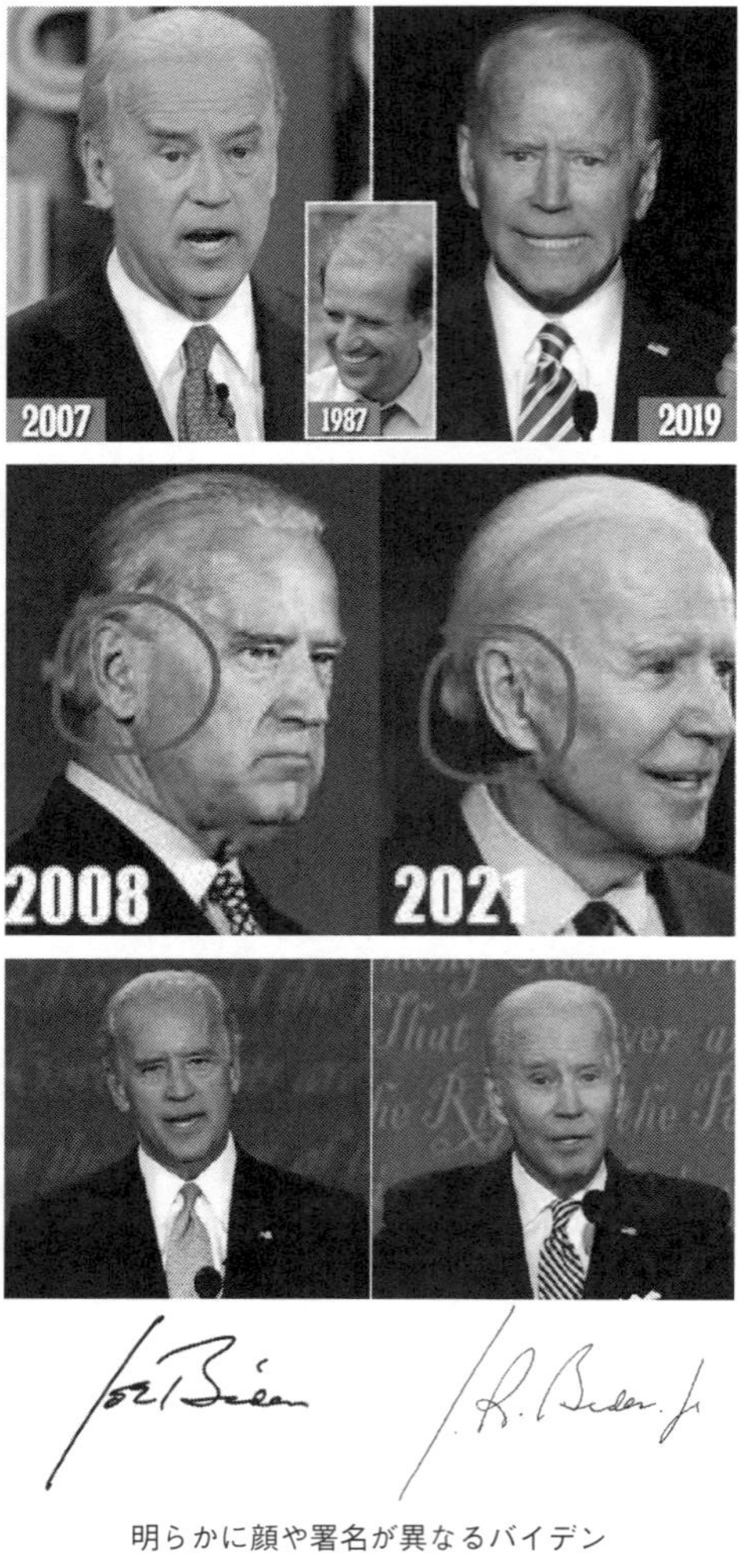

明らかに顔や署名が異なるバイデン

な〝偽物バイデン〟となっている。

その本物バイデンは、２０１６年のアメリカ大統領選挙の際に、アメリカ乗っ取りのためのイギリス・フリーメイソンの大本命であるドナルド・トランプを確実に大統領に当選させるために、拘束されていたのだ。これは当時アメリカ大統領を務めていたイギリス・フリーメイソンのバラク・オバマによるもので、２０１６年のアメリカ大統領選挙の投票が行われる11月の前月の、２０１６年10月頃のことである。それ以降、現在のバイデンは〝偽物バイデン〟となっているのだ。

2022年を境に顔が変わったゼレンスキー

そして、ウクライナのゼレンスキーに関しても、本物ゼレンスキーは２０２２年３月頃に、こちらもイギリス・フリーメイソンによって暗殺され、それ以降はイギリス・フリーメイソンが用意した〝偽物ゼレンスキー〟が大統領を行い、現在に至っている（偽物ゼレンスキーの正体とはウクライナ軍人である。ゼレンスキーの顔付きがある時期を境に〝厳《いか》つく〟なったのは、その時期に偽物ゼレンスキーへと代わったから）。

このように、イギリス・フリーメイソンは、イギリス・フリーメイソンにとって脅威となる国で、脅威となる政治家などを暗殺、拘束することで極悪なる世界征服を実行しているのだ。

註　２０１４年のウクライナでの親ロシア派排除のクーデターでは、２０１４年までにウクライナ軍はイギリス・フリーメイソンに乗っ取られたが故に、本物ゼレンスキーのような親ロシア派はウクライナ国内から排除された。本物ゼレンスキーは２０２２年にイギリス・フリーメイソンのウクライナ軍によって暗殺されたのだ。

註　日本に於いても明治維新の時に、本物の天皇はイギリス・フリーメイソン（日本政府）によって暗殺されており、現在の天皇は、明治維新で日本を乗っ取った、山口県田布施町の在日北朝鮮人の被差別部落の人物（ヤクザ・マフィア）の血が流れる、穢れた血縁の偽の天皇となっている。そして、アメリカ・フリーメイソンの重要人物であるビル・ゲイツも、２０１４年６月にアメリカ・フリーメイソンの長であったデービッド・ロックフェラーの次男が飛行機の事故に見せかけて暗殺された時期に、イギリス・フリーメイソンによって暗殺されている。現在のビル・ゲイツは、こちらもイギリス・フリーメイソンが用意した本物ビル・ゲイツにそっ次男：リチャード・ギルダー・ロックフェラー（1949年1月20日 - 2014年6月13日、父デービッドの99歳の誕生日の翌日、13日の金曜日に自身の運転していた自家用機の事故により墜落死した。 満65歳没。 暗殺説もある。）

ロックフェラー次男暗殺

ロックフェラー次男の飛行機墜落の様子

くりな〝偽物〟である（2014年6月のデービッド・ロックフェラーの次男の死とは、暗にビル・ゲイツの暗殺を示唆していたのだ。デービッド・ロックフェラーとはアメリカ・フリーメイソンの長であり、ビル・ゲイツはその管財人であった）。

註　現在タイ王国のラマ10世は、彼の父親のラマ9世とは実の親子関係にはない。このラマ9世とラマ10世とは養父子の関係にある。イギリス・フリーメイソンは世界中で国家侵略を行っているように、タイ王国に於いても、タイ王国を乗っ取るために国王にシンガポールの代表を務める客頭（ヤクザ）

実は異母兄弟であるシンガポールの李顕龍とラマ10世

こちらも実は異母兄弟である安倍晋三と岸田文雄

の李一族の血が流れているのだ。それ故に、シンガポールの首相であった李顕龍とラマ10世とは異母兄弟であるが故に髪の毛の生え際や、顔の長さなどが似ているのだ。このように、イギリス・フリーメイソンはアメリカ・フリーメイソン側の政治家を暗殺したり拘束する以外にも、イギリス・フリーメイソン（ヤクザ）の血縁を外部から侵入させることで、日本の天皇のようにタイ国王に於いても血縁の乗っ取りを行っているのだ。なお、タイのラマ10世とシンガポールの李顕龍との関係のように、日本でも安倍晋三と岸田文雄との関係も実のところ、岸信介を祖父とする異母兄弟であるのだ。それ故に、イギリス・フリーメイソン側はGHQが死刑に処そうとした岸信介の孫の岸田文雄に、２０２２年7月に暗殺された安倍晋三を重ねて、アメリカ・フリーメイソン潰しのために日本の首相を長期にわたり行わせていたのだ。

戦争は〝アメリカ・フリーメイソン（原住民）〟と〝イギリス・フリーメイソン（侵略者）〟とが存在して初めて起きる

2024年現在も行われているロシアとウクライナとの戦争であるが、一体何がなされているのか。このウクライナ戦争とは東欧に於ける巨大な原住民（アメリカ・フリーメイソン）側の勢力であるロシア（ソビエト）を崩壊させるために、イギリス・フリーメイソン（ユダヤ）が謀略を立てた戦争であるのだ。

既述の通り、イギリス・フリーメイソンは明治維新期に日本で、江戸幕府（原住民）討幕のための〝鳥羽・伏見の戦い〟や〝戊辰戦争〟、明治維新後は〝日露戦争〟〝太平洋戦争〟のように、その国の原住民を抹殺するために〝意図的な戦争〟を企てて来た。

そして、今のウクライナ戦争も、そのイギリス・フリーメイソンの原住民抹殺の過程で行われている戦争なのだ。

先ず、前項で述べた通りに、現在のロシア（偽物プーチン）もウクライナ（偽物ゼレンスキー）も共に〝イギリス・フリーメイソン〟支配下の国（人物）となっているが故に、本来戦争は生じ得ないのだ。

戦争の発生原理は常に〝敵〟が存在して初めて成立するからなのだ。

戦前日本が中国大陸でアメリカ・フリーメイソンの中華民国と激しく戦争を行っていたのも、日本が明治維新でイギリス・フリーメイソン傘下の国になったが故に、その日本の政敵であるアメリカ・フリーメイソンの中華民国と戦争を行っていたのだ（１９３７年に中華民国の首都・南京で日本陸軍が中国人を大量に虐殺する「南京大虐殺」を行っていたのも、イギリス・フリーメイソンの日本と、アメリカ・フリーメイソンの中華民国とで政治方向性が異なっていたためである）。

そして、戦前、戦後を通して大韓民国とも日本は激しく係争を続けているのも、これもまた、アメリカ・フリーメイソンの韓国と、イギリス・フリーメイソンの日本とで、その政治方向性が１８０度全く異なっているからなのだ（１９２３年の関東大震災で日本に住む多くの朝鮮人が日本人に虐殺されていたのも、アメリカ・フリーメイソンの朝鮮と、イギリス・フリーメイソンの日本とでその政治方向性が異なっていたためである。当時アメリカ・フリーメイソンが関東大震災を引き起こしたとして朝鮮人は日本で迫害されていたのだ）。

つまり、〝戦争発生の原理〟とは〝アメリカ・フリーメイソンの国〟と〝イギリス・フリーメイソンの国〟とが出現して初めて成立する原理なのだ。

現在のロシアもウクライナも、既述の通り、既に両国の首脳部はイギリス・フリーメイソンによって支配されているが故に、この〝戦争発生の原理〟に符合しておらず、戦争が発生する要因がなく、本来ウクライナ戦争は発生し得ない戦争であるのだ。

では、なぜウクライナ戦争は発生しているのだろうか？

ロシアと世界中の原住民を抹殺するためにイギリス・フリーメイソン（MI6）が企てたウクライナ戦争

先程私は、2011年に本物プーチンはイギリス・フリーメイソンによって拘束され、現在のプーチンはイギリス・フリーメイソンが据え置いた〝偽物プーチン〟であると述べた。また、ウクライナに於いても2022年に本物ゼレンスキーはイギリス・フリーメイソンによって暗殺されたが故に、こちらも〝偽物ゼレンスキー〟となっていると述べた。

つまり、ロシア、ウクライナの両地域に於いてイギリス・フリーメイソンが支配を行っているが故に〝敵〟を必要とする〝戦争発生の原理〟に符合していないと。

では、2024年現在、そのイギリス・フリーメイソン傘下のロシアとウクライナとで、なぜ戦争が発生しているのか？

2023年８月にユダヤによって暗殺されたプリゴジン

実はロシア国内にはまだ、〝本物プーチン〟以外にも、〝本物プーチン〟側のロシア原住民側の勢力が多く存在しているのだ。

ウクライナ戦争でロシア側の前線を守って来たのは、２０２３年８月23日にイギリス・フリーメイソン（ＭＩ６）によって暗殺された、民間軍事会社のワグネルを率いていた、本物プーチンの大親友であったプリゴジンであった。

イギリス・フリーメイソンは２０１１年に本物プーチンを拘束することに成功はしたものの、ロシア国内にはまだ本物プーチン側のロシアの原住民勢力が存在するために、イギリス・フリーメイソンはそのロシア国内に存在する本物プーチン側の勢力を崩壊させるために〝ウクライナ戦争〟を仕掛けたのだ。

通常、戦争というのは、軍備や資金が豊富なその国の正規軍を投入するのが筋であるのだが、このウクライナ戦争に関しては、なぜか〝民間軍事会社のワグネル〟が、その戦争の第一線に投入されていたのだ。

その理由は紛れもなく、イギリス・フリーメイソンがロシアの原住民を戦争を用いて抹

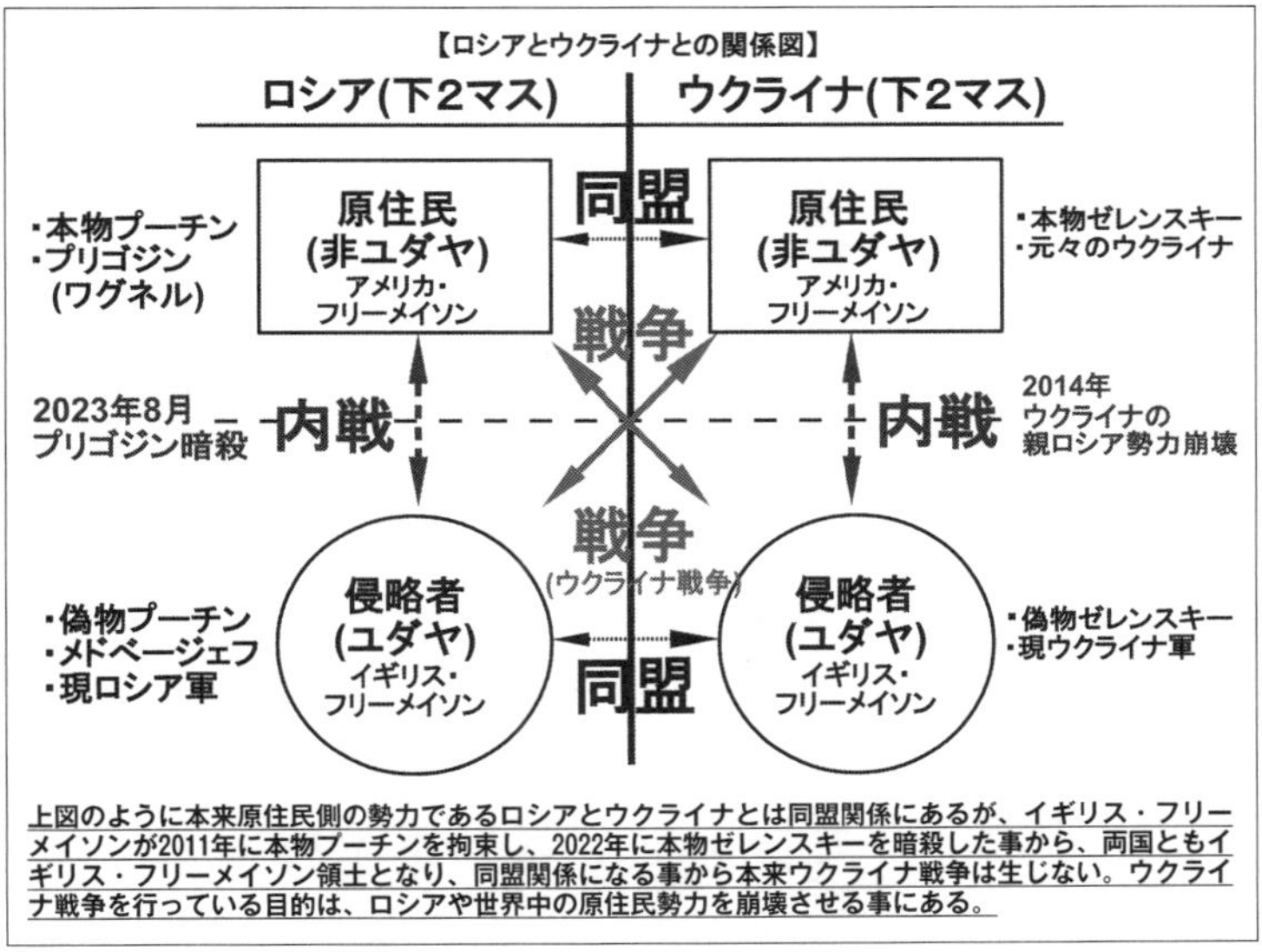

ウクライナ戦争の真相を解説した図

殺するために、この〝ウクライナ戦争〟を仕組んだからなのだ。プリゴジンが生存していた頃、プリゴジンは何度もＳＮＳ等を通して、ロシア軍やロシア政府に対して軍備や資金が足りないと訴えていた。ロシア政府（イギリス・フリーメイソン）側がプリゴジンに対して十分な兵力を与えなかったのは、このウクライナ戦争がウクライナを侵略するために行っている戦争ではなく、イギリス・フリーメイソンの宿敵のロシアの原住民である本物プーチン側の勢力を崩壊させるために行っている戦争であるからだ。

　そして、このウクライナ戦争でロシア軍はというと、民間軍事会社のワグネルがウクライナから奪った土地の管理を行うという危険度の低い後方支援を行っているのも、本物プーチンが拘束されて以降、イギリス・フリーメイソンの国軍と化しているロシア軍は、このウクライナ戦争で同じイギリス・フリーメイソンのウクライナ軍と戦う必要はないが故に（味方同士相打ちになる）、戦争の第一線で戦わずに、民間軍事会社ワグネルの後方支援を行っているというわけなのだ。

註　1991年のソビエト崩壊により、ソビエト領土のなし崩しを行ったイギリス・フリーメイソンであったが、ソビエト崩壊後もソビエトから独立した国々とロシア側は関係が良好であった。イギリス・フリーメイソンはその良好なアメリカ・フリーメイソン（原住民）同士の関係を壊し、旧ソビエト一帯をイギリス・フリーメイソンの支配下に置くために〝ウクライナ戦争〟を画策したのだ。また、タレント時代の本物ゼレンスキーがロシアとの戦争よりも融和を望むと述べていた。当然のことながら、本物ゼレンスキーとはアメリカ・フリーメイソン（原住民）側の人間であることから、同じくアメリカ・フリーメイソン（原住民）側の本物プーチンと融和を保ちたいというのは道理に適っているのだ。

註　現在、ウクライナ戦争でロシア軍側は戦争の第一線に立つ外国人兵士を募集している。こ

NHK
https://www3.nhk.or.jp › ... › 国際ニュース一覧

ロシア軍に雇われ前線で戦う外国人は少なくとも3000人か

2024/02/22 — ロシアのプーチン大統領は先月、**ロシア軍**などと1年間契約した**外国人**とその家族を対象に、ロシア国籍の申請手続きを簡素化すると発表していて、**外国人**を ...

非ユダヤ崩壊のためにウクライナ戦争に集められる世界中の原住民達

れもこのウクライナ戦争の目的通りに、イギリス・フリーメイソン側は世界中の原住民、地球上の原住民を抹殺するために、外国人兵士（原住民）を世界中からロシアへ掻き集めウクライナ戦争に投入しようとしているのだ。

民主主義の導入で
イギリス・フリーメイソンに侵略される中国

先程述べた、ソビエト崩壊による経済破綻を防ぐために、イギリス・フリーメイソンの国家侵略のための装置である〝民主主義〟を導入したロシアと同じように、実は中国にも民主主義（フリーメイソン）のシステムが導入されているのだ。

既述の通り、中国は毛沢東が死去した後に、イギリス・フリーメイソン側の中国のユダヤ人である鄧小平が中国の主席を務めたのだが、実はこの時に中国は〝首脳部に於ける民主制（フリーメイソン制）〟が敷かれることになったのだ。

この〝首脳部に於ける民主制（フリーメイソン制）〟とは一体何なのか。実はアメリカやロシアや中国など共和制（大統領制）の〝民主主義〟を導入している国家には、その首脳部にアメリカ・フリーメイソン（原住民）側の勢力と、イギリス・フリーメイソン（侵略者）側の勢力を入れることになっているのだ。

具体的には、つい最近まで中国の首脳部は、〝習近平〟と〝李克強〟であったのだが、この〝習近平〟とは実は鄧小平と同じく中国のユダヤ人（イギリス・フリーメイソン）であり、〝李克強〟とは中国の原住民（アメリカ・フリーメイソン）であったのだ（習近平は漢民族と名乗っているが、私は習近平の本当の血縁とは、彼の祖先の故郷である西安に多いイスラム教を信仰する回族の一種ではないかと予測している。彼の祖先の故郷とは中国の内陸部の西安であり、西安には中東とを結ぶシルクロードが古くから存在し、またイスラム教などを信仰する50近くの少数民族が居住する地域なのだ）。

〝習近平〟と〝李克強〟との時代、両者は強く不仲

政治的立場の違いから強く不仲であった李克強と習近平

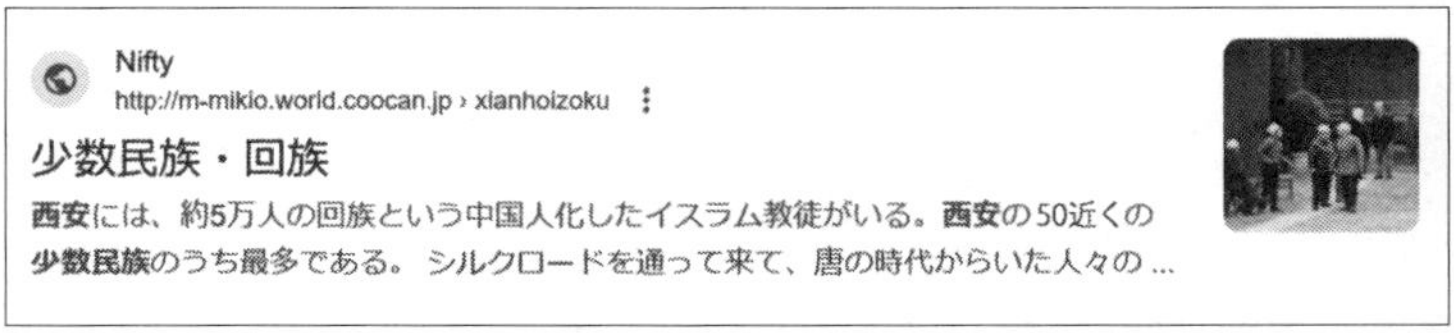
Nifty
http://m-mikio.world.coocan.jp › xianhoizoku
少数民族・回族
西安には、約5万人の回族という中国人化したイスラム教徒がいる。西安の50近くの少数民族のうち最多である。 シルクロードを通って来て、唐の時代からいた人々の ...

習近平の祖先は中国のユダヤ人であるイスラム教徒と思われる

であったと言われていた。これは両者がそもそも政治的立場が全く異なるために、戦前から続くイギリス・フリーメイソンvsアメリカ・フリーメイソンの争いの如く、彼らは政治方針に関して全く一致できなかったのだ。

　このように、〝民主主義〟を導入した国家の首脳部には〝イギリス・フリーメイソン側の首脳〟と、〝アメリカ・フリーメイソン側の首脳〟とが存在することになるのだ。

実は政敵同士であったオバマとヒラリー・クリントン

　そして、この〝民主主義〟の法則は、中国のみならず、先述したロシアの〝本物プーチン（アメリカ・フリーメイソン）〟と〝メドベージェフ（イギリス・フリーメイソン）〟との関係や、アメリカに於いては、２００９年から２０１７年の間に大統領を務めたオバマ（イギリス・フリーメイソン）とヒラリー・クリントン（アメリカ・フリーメイソン）との関係や、２０２４年現在のバイデン（アメリカ・フリーメイソン）とカマラ・ハリス（イギリス・フリーメイソン）との関係が〝民主主義（フリーメイソン）〟の法則に従っている。

こちらも政治的立場の違いから退席させられた胡錦濤前国家主席

註　中国では２０２３年から習近平（イギリス・フリーメイソン）の体制下、李克強首相から李強首相へと首相が交代し、その閣僚にも習近平の側近が大量に投入された。その背景には、現在全世界でイギリス・フリーメイソンによる世界征服が行われているように、中国に於いても習近平を使ったイギリスによる中国侵略が繰り広げられていることが挙げられる。そのために、イギリス・フリーメイソンの習近平に目障りなアメリカ・フリーメイソン側の李克強側勢力は、習近平体制から排除されたのだ。

習近平を国家主席にまで育てた創価学会（公明党）

第十章で、イギリス・フリーメイソンが宿敵であるアメリカ・フリーメイソンの毛沢東を打倒するために、アメリカでのイギリス・フリーメイソンであるキッシンジャーらを中国へ投入し、中国のユダヤ人である鄧小平を擁立する政治工作を行って来たと述べたが、この他にもイギリス・フリーメイソン（日本政府）は中国をユダヤ人の手に落とすために、習近平を国家主席にまで育てたのだ。

前項で私は、習近平とは、その祖先の故郷を中国内陸部の西安に持つユダヤ人であると述べたが、イギリス・フリーメイソンはそのユダヤ人である習近平に中国の国家主席を務めさすべく、積極的な投資を行って来たのだ。

毛沢東が国家主席の頃、習近平一族は毛沢東によって左遷され、とても貧しい生活を送ることになった。これは、習近平の一族が中国を侵略するユダヤ人の血縁を有すがために、毛沢東は習近平一族から権力を取り上げたのだ。

しかし、毛沢東逝去後にイギリス・フリーメイソン（日本政府）は中国を侵略するために、中国のユダヤ人に対して積極的に投資を行ったのだ。

公明党（創価学会）に育てられた習近平

池 田 勇 人

● 第58-60代 内閣総理大臣

内閣	第1次池田内閣 第2次池田内閣 第2次池田第1次改造内閣 第2次池田第2次改造内閣 第2次池田第3次改造内閣 第3次池田内閣 第3次池田改造内閣
在任期間	1960年7月19日 - 1964年11月9日
天皇	昭和天皇

● 日本の政党

公明党
Komeito

公明党本部（公明会館）

代表	山口那津男
副代表	北側一雄 古屋範子 斉藤鉄夫
幹事長	石井啓一
参議院議員会長	西田実仁
成立年月日	1964年11月17日 [注釈 1][2][3]

池田勇人が首相を辞した８日後に建党された公明党

ベトナム戦争で中国が核兵器を所持することが決定的となった頃の１９６４年に公明党が結党されることとなった。この公明党設立の目的とは中国のユダヤ人政治家とのパイプを作ることにあったのだ。

２０１３年１月に当時の安倍内閣が、中国訪問の特使として公明党の山口那津男を送ったのも、習近平は若い頃から公明党（創価学会）から支援を受けており、それ故に長年世話になっている公明党のお願いは断ることが

戦後中国を支配下に入れるために作られた宏池会（岸田派）

できない。このような政治的背景があるために、安倍晋三ら日本政府側は習近平の裏事情を読んで敢えて公明党を特使として中国へ送り込んでいたのだ（現在自民党が長年公明党と連立を組んでいるのも、中国を意識してのことなのだ）。

註　公明党を作ったのは池田勇人であるが、この時期に創価学会から池田勇人と同じ姓の〝池田大作〟が会長に選出されているのは、当時の首相であった池田勇人を意識してのことである。また、この時期に戦後の日本初の自民党の派閥として〝宏池会（池田派）〟が発足している。全ては中国懐柔のための資金源として〝宏池会（池田派）〟は作られたのだ。

註　つまり、「宏池会（創価学会）＝習近平の懐柔」であり、また第十章で述べたように「清和会＝鄧小平の懐柔」であるのだ。そして、現在中国で高速鉄道が爆発的に発達したのも、全ては1970年代に鄧小平を懐柔した結果として中国で〝新幹線〟が流行ったからだ。

習近平を国家主席にするために、イギリス・フリーメイソン（MI6）によって失脚させられた毛沢東派の薄熙来

2012年に薄熙来という中国の次期国家主席と呼ばれていた男が失脚したのだが、実はこの事件にもイギリス・フリーメイソン（MI6）が深く関わっている。

この薄熙来というのは、父親の薄一波が毛沢東、周恩来時代に副首相を務めていたこともあり、薄熙来とはアメリカ・フリーメイソン（毛沢東派）側の人物であった。

しかし、既述の通り、イギリス・フリーメイソンが毛沢東と周恩来とを暗殺した1976年以降、中国の政治にイギリス・フリーメイソン（日本政府）が大きく介入しているが故に（大金をばら撒いたが故に）、それ以降の中国の政治にはアヘン戦争以降の清国同様にイギリス・フリーメイソンの恣意が深く関与している。

そして、イギリス・フリーメイソン（MI6）は世界征服のために世界各地で、その国の原住民ことアメリカ・フリーメイソンを抹殺しようとしているように、中国の原住民側の勢力である薄熙来が国家主席となれないように工作活動を展開したのだ。

毛沢東派のために失脚されられた薄熙来

薄熙来失脚のスキャンダルとなった、2011年に於けるイギリス人実業家のニール・ヘイウッドの死もまた、イギリス・フリーメイソン（MI6）側が薄熙来が将来的に国家主席になれないようにと、1990年代にこのイギリス人実業家に扮したイギリス・フリーメイソンの諜報機関のMI6スパイを中国へ送り込み、薄熙来失脚の機会を窺っていたのだ。

そして、2011年このイギリス・フリーメイソンが仕掛けたスキャンダルによって薄熙来は失脚し、国家主席候補の地位を失い、イギリス・フリーメイソンが推す習近平が国家主席に就いたのだ。

政治的二面性がある金正恩（北朝鮮）

2018年にイギリス・フリーメイソンのドナルド・トランプと歴史的会談を行い、また同じく韓国のイギリス・フリーメイソンの文在寅とも会談を行った北朝鮮の金正恩であ

中国人民解放軍の専用機と金正恩

るが、2024年の現在に於いては、態度を一変させ韓国に対して敵対的となっている。

実はその理由には金正恩（北朝鮮）の〝政治的二面性〟が挙げられるのだ。

金正恩は、広島原爆を行ったイギリス・フリーメイソンの日本陸軍の在日朝鮮人・畑中理（金策）を祖父とし、その父は2011年に死亡した金正日であり、その母はアメリカ・フリーメイソンの横田めぐみである。

つまり、金正恩（北朝鮮）には〝イギリス・フリーメイソン〟と〝アメリカ・フリーメイソン〟との〝2つの政治的血縁〟が存在しているのだ。

そして、金正恩（北朝鮮）はこの〝2つの政治的血縁〟を使い分けた政治を行っているのだ。

2018年の時、金正恩がイギリス・フリーメイソンのドナルド・トランプや文在寅と政治的に融和的であったのは、金正恩（北朝鮮）がイギリス・フリーメイソン（習近平）側の側面を前面に出したが故に、同じくイギリス・フリーメイソンである彼らに融和的と

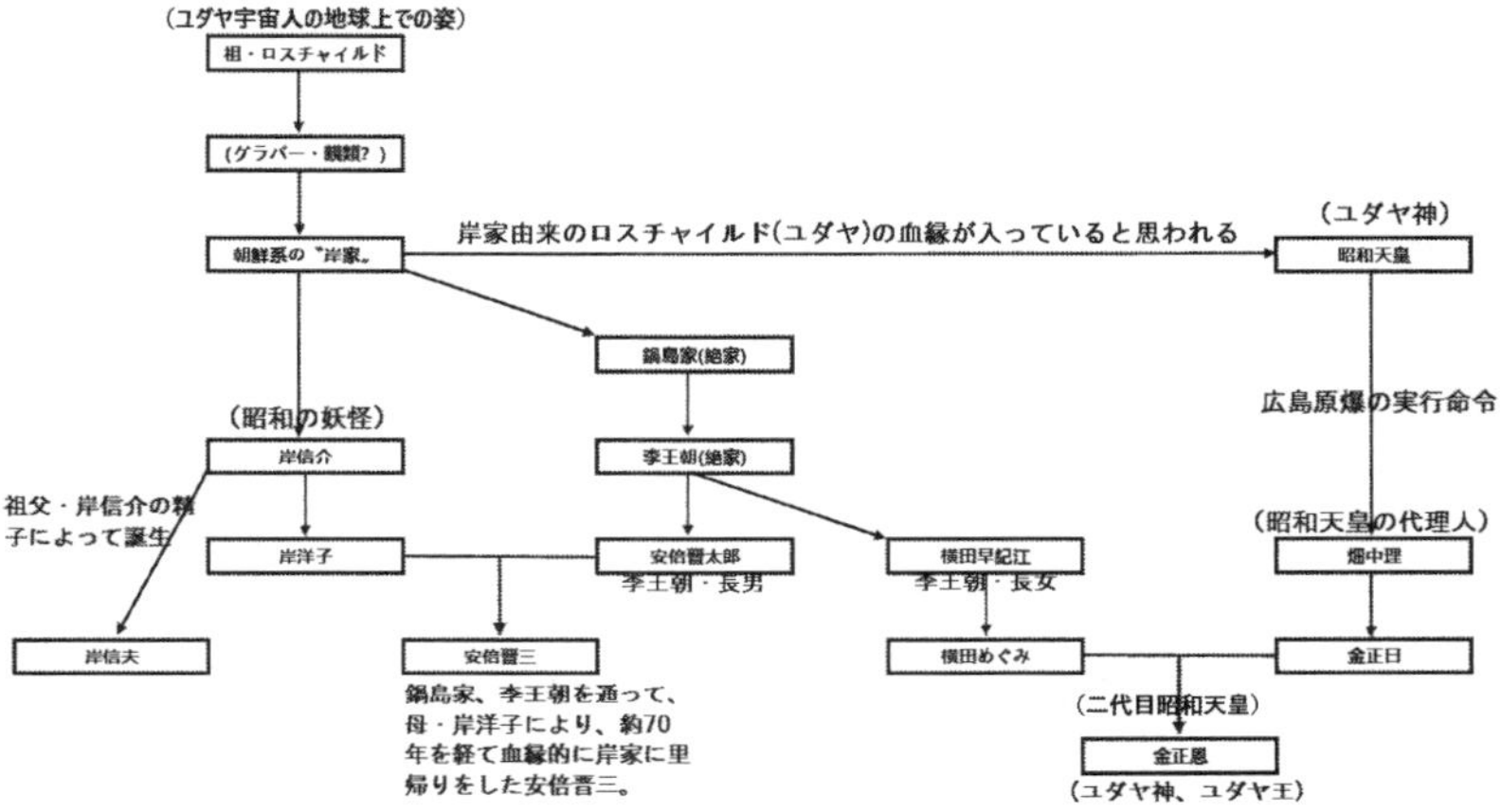

金正恩の血縁図

なっていたのだ。

しかし、2024年現在の北朝鮮（金正恩）はアメリカ・フリーメイソン（中国人民解放軍）側の側面を全面的に出しているが故に、イギリス・フリーメイソンの国と化している韓国などとは激しく対立しているのだ。

そして、この金正恩の〝二面性政治〟には、北朝鮮と国境を隣接する中国の政治が深く反映されているのだ。

金正恩の血縁に関して

ここで金正恩の血縁に関して述べたいと思う。

先ほど金正恩とは、広島原爆を行ったイギリス・フリーメイソンの日本陸軍の在日朝鮮人・畑中理（金策）を祖父とし、その父とは201

1年に死亡した金正日であり、その母とはアメリカ・フリーメイソンの横田めぐみであると述べた。

この金正恩の祖父に当たる畑中理（金策）とは、1945年8月6日の広島原爆時に広島城内にあった陸軍司令部で広島原爆の起爆スイッチを昭和天皇の代わりに押したとされる人物であり、その後畑中（金策）は第一章で述べた北朝鮮にある〝雲山金鉱〟の利権を確保するために、北朝鮮へと渡り、昭和天皇の分身として北朝鮮で、北朝鮮（雲山金鉱）の継承者として子孫を作り、その子を金正日、孫を金正恩とする人物である。

そして、金正恩の母の横田めぐみであるが、横田めぐみは安倍晋三とは従兄妹の関係にあり、安倍晋三と同じくアメリカ・フリーメイソンの朝鮮李王朝の血縁を有している。詳しくは第十三章で述べる「安倍晋三の正体」をご覧いただきたい。

イギリス・フリーメイソンの習近平と、アメリカ・フリーメイソンの中国人民解放軍

先程、私は習近平を中国のイギリス・フリーメイソン（ユダヤ人）だと述べたが、一方で中国の原住民（アメリカ・フリーメイソン）側の勢力とは、毛沢東側の中国人民解放軍

のことである。

また先程、2018年、アメリカのドナルド・トランプや、韓国の文在寅は北朝鮮の金正恩と非常に融和的であったと紹介した。その理由には金正恩がイギリス・フリーメイソンとアメリカ・フリーメイソンとの二面性を有し、あの当時はイギリス・フリーメイソン側の側面を全面的に出していたからだと述べた。

そして、その金正恩（北朝鮮）の〝二面性政治〟には、中国のイギリス・フリーメイソンである習近平が深く関係している。

現在、中国国内で習近平は一応のところ、国家主席を行っているが、その地位は強靭ではなく、実のところ、習近平は宿敵である毛沢東側の中国人民解放軍の操り人形であるのだ。

これは常識であるのだが、現在の日英安保下の日本のように、日本を含めアメリカも韓国も、世界中のどこの国も軍部を差し置いての政治は成立せず、国家を形成する上で政治が軍部の指示通りに動くというのは至極当然のことであるのだ（江戸幕府などでも武将の上に国家は成立しているが、ユダヤの統治はその逆で政治家（ユダヤ人）に国家を支配させようとする）。

それ故に、習近平ら中国の指導部は、実は常に中国人民解放軍の指示に従いながら政治

世界最強の原住民勢力の中国人民解放軍

を行っているのだ。

2018年当時の金正恩は、金正恩本人の政治を行っていたのではなく、実はイギリス・フリーメイソンの習近平の代役として、イギリス・フリーメイソン側と渡り合っていたのだ。

既述の通り、中国を実効支配しているのは、中国の武力機関であるアメリカ・フリーメイソンの中国人民解放軍である。そして、中国人民解放軍は、いくら鄧小平や習近平のように、イギリス・フリーメイソンに国家を侵略されたとしても、中国の国家の主権を放棄したのではないために、中国人民解放軍（毛沢東）からすれば本音では、敵勢力の習近平は政治的に目障りな存在でしかないのだ。

そんな、中国人民解放軍の主権が及ぶ中国本土で、中国人民解放軍の宿敵のイギリス・フリーメイソンの習近平に、習近平が想うような中国売国（イギリス・フリーメイソン）の政治を行われては、中国人民解放軍からすればたまったものではないのだ。それ故に、2018年のあの当時、世界政治の中枢のアメリカでイギリス・フリーメイソンのドナルド・トランプがアメリカ大統領に選出されたことから、国際政治の流れがイギリス・フリーメイソン側に転換された。それ故に中国人民解放軍側は政治的譲歩として、習近平がしたいと思う政治を北朝鮮で金正恩を通して行わせていたのだ（北朝鮮の核の非核化交渉も、その実とは中国の核の非核化の隠喩であった。イギリス・フリーメイソン側は極悪なる世界征服のために宿敵の中国人民解放軍を制圧すべく、習近平の代理人である金正恩を通してトランプや文在寅と交渉をさせていたのだ）。

また、2018年に、中国がトランプ政権下のアメリカ（イギリス）と「貿易戦争」などで激しく争っていたのも、実のところアメリカ（イギリス）は、イギリス・フリーメイソンの習近平と争っていたのではなく、イギリス・フリーメイソンの宿敵であるアメリカ・フリーメイソンの中国人民解放軍に対して、「貿易戦争」という形で、トランプ政権下のイギリス・フリーメイソンのアメリカと争っていたのだ（この貿易戦争も、2019年の香港大暴動も当時の安倍政権が裏でトランプ政権に対して出資をして行わせていたことから、トランプはこれらの事変を引き起こしてくれた安倍に対してとても機嫌が良い訳なのだ）。

そして、2024年現在の北朝鮮が、イギリス・フリーメイソンの国と化した韓国と争っているのも、2024年現在のアメリカ大統領が表面上はアメリカ・フリーメイソンの

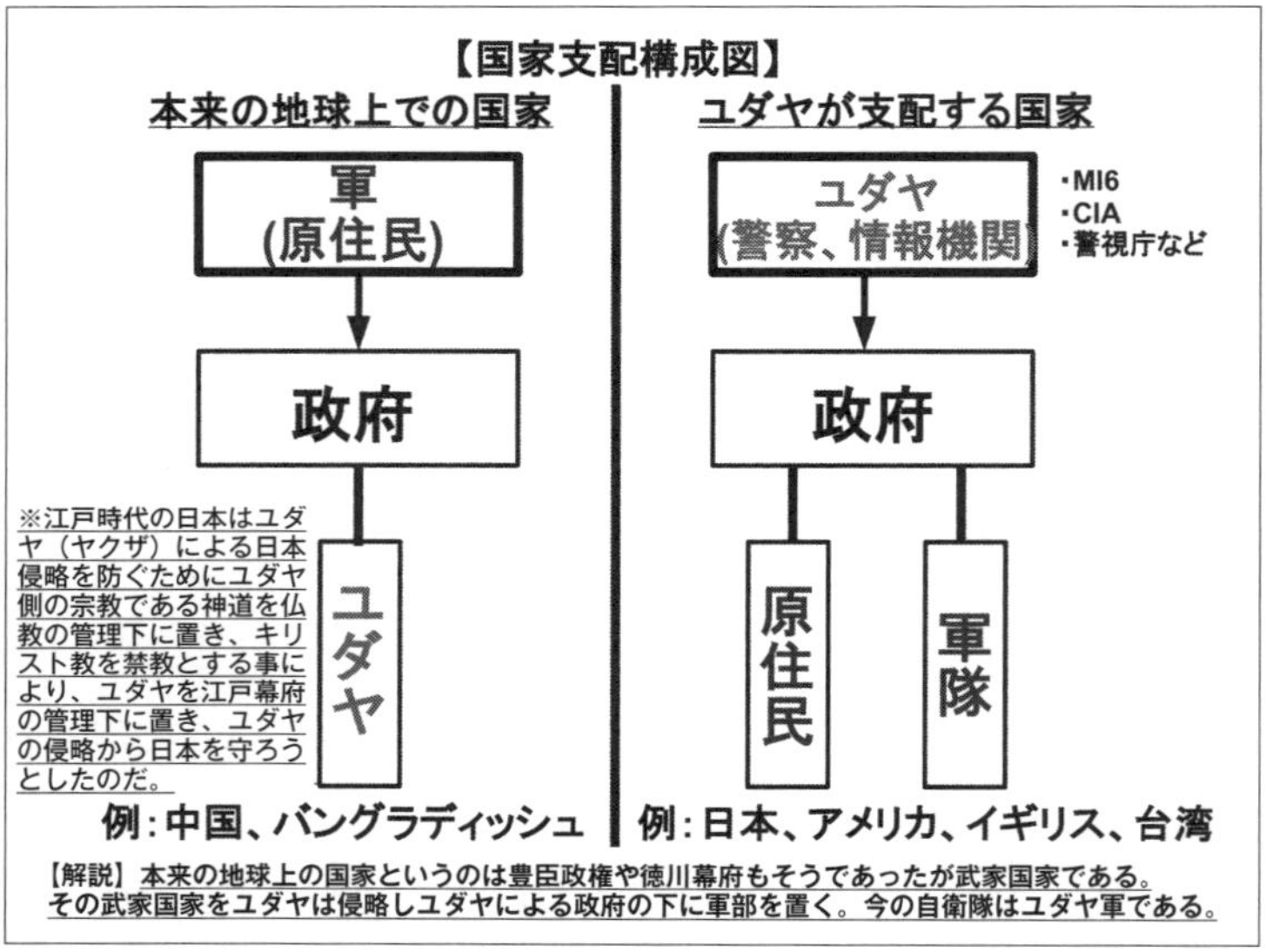

国家支配構造図

バイデンである。その世界政治の中心となるアメリカの政治的基調に合わせて、現在の北朝鮮の政治的地位もアメリカ・フリーメイソン（中国人民解放軍）側となっているが故に、アメリカ・フリーメイソンの北朝鮮と、イギリス・フリーメイソンの韓国とは互いに敵対関係となっているのだ。

註　2018年のシンガポールでの米朝会談で、金正恩が中国人民解放軍のエアフォースワンでシンガポールに向かっていたのも、イギリス・フリーメイソン同士の歴史的会談をアメリカ・フリーメイソンの中国人民解放軍が牽制して、中国軍のエアフォースワンの提供を金正恩に行っていたのだ。また、習近平が2016年に中国人民解放軍の軍区を改編したのも、中国国内での毛沢東派の中国人民解放軍なし崩しのためであった。つまり、習近平と毛沢東とは同じ国の敵同士であるのだ。

註　先ほども少し述べたが、本来国家というのは国を守る軍の下に政府が置かれ、国家が形成されるのだ。しかし、ユダヤ（フリーメイソン）というのは、この国家支配の形を逆転させ、ユダヤ人（侵略者）の政府の下に軍部を置こうとするのだ。それ故に、アメリカ・フリーメイソン側の国というのは軍が国家を支配し、イギリス・フリーメイソン側の国家というのは〝情報機関（警察）〟が国を支配するのだ。

アメリカ・フリーメイソンの中華民国を侵略するために民進党を作った李登輝

2024年現在、台湾で与党政権を樹立している民進党であるが、これも実はイギリス・フリーメイソンの李登輝が総統の時代に、アメリカ・フリーメイソンの中華民国を乗っ取るために作った、日本の自民党同様のイギリス・フリーメイソン政党であるのだ。

中華民国は1975年にアメリカ・フリーメイソンの中国国民党の蔣介石がイギリス・フリーメイソン（日本政府）によって暗殺された後に、イギリス・フリーメイソンの李登輝が頭角を現し始め、その後李登輝は中国国民党の主席と、中華民国の総統に選ばれた。
本来ならば、イギリス・フリーメイソンである李登輝がアメリカ・フリーメイソンの中華民国と中国国民党の代表を務めることはできないのだが、この時までにイギリス・フリーメイソン側は、アメリカ・フリーメイソン側の中華民国軍の幹部を暗殺したり左遷することに成功し、中華民国内で李登輝の敵対勢力を消したことから、イギリス・フリーメイソン側は戦後直ぐに国家侵略を行ったアメリカを利用して、イギリス・フリーメイソンの李登輝を中華民国の総統に無理やりしたのだ。

イギリス（日本）の主導により台湾独立を画策する蔡英文と李登輝

そして、その李登輝が総統の時代に、中華民国をイギリス・フリーメイソンの手に落とすために民進党を作り、2024年現在、中華民国の主権を侵害する、台湾独立を謳う民進党が李登輝の目論見通りに活躍しているのだ。

註　李登輝が中華民国の総統になって以降、台湾の総統とは李登輝側のイギリス・フリーメイソンの政治的地位がある人物達が選ばれて来ている。なので、途中、中国国民党の馬英九が総統となっていた時期もあるが、馬英九も李登輝チルドレンであるが故に、蔣介石のような中国本土への復権を目標とはせず、馬英九は李登輝（イギリス・フリーメイソン）の夢である中華民国のイギリス・フリーメイソン（日本政府）への売却のために、2016年に本来は敵勢力である民進党の蔡英文へ総統の座を譲ったのだ。

註　2016年、シンガポールで習近平と馬英九とが、1949年に終わった国共内戦以来の歴史的な会談を行っていたのも、この時までに馬英九はイギリス・フリーメイソンの民進党へ中華民国の主権を売り飛ばすことを決断していたために、同じく中国のイギリス・フリーメイソンの習近平を通して、アメリカ・フリーメイソンの中国人民解放軍の反発を牽制させるために、イギリス・フリーメイソンのシンガポールで会談を行ったのだ。

註　蔣介石死去以降、李登輝を総統に選出させるなど、台湾で工作活動を行っているのはイギリス・フリーメイソンの警視庁などの日本の組織である。警視庁内部には常に台湾側と接触ができる、中国語ができる職員が数多く存在しており、日々台湾側と連絡を取り合っているという。

第十二章

イギリス・フリーメイソンが日本や世界で行っているインチキ政治

本当は〝指名大統領制〟である民主主義の国々

さて、民主主義国家というのは、国民の選挙の下で大統領などの為政者が選ばれるようになっているが、本当のところはそうではなく〝指名大統領制〟であるということを、本章では述べたいと思う。

先ず、その例として韓国を挙げたいと思う。

韓国は1948年に独立して以来、初代大統領の李承晩を皮切りに、朴正熙、全斗煥、盧泰愚、金泳三、金大中、盧武鉉までは現職大統領が次期大統領を指名する大統領特権の〝指名大統領制〟の下で選出されて来た。

ところが、盧武鉉の次の大統領の李明博の時は、盧武鉉と李明博との政治性の違いから、盧武鉉は李明博を次期大統領と指名しなかったのだ。李明博と盧武鉉とが政治的関係が悪かったのはこのためなのだ。

その後、李明博は、同じ政党の朴槿恵を次期大統領に指名したのだが、その朴槿恵は次の大統領に文在寅を、政治方向性の違いから指名しなかったのだ（実際朴槿恵は権力を行使させないために次期大統領選挙前に罷免されている）。

政敵のユダヤによって不当逮捕されていた李明博と朴槿恵

そして、文在寅が大統領となった時に、李明博と朴槿恵が逮捕されたのは、李明博と朴槿恵とがアメリカ・フリーメイソン側の政治家であったが故である。イギリス・フリーメイソン（北朝鮮＝高句麗）である文在寅によって、李明博と朴槿恵は文在寅（国家情報院）の敵勢力として、文在寅（国家情報院）による大韓民国乗っ取りのために逮捕、拘束されたのだ。

また、2022年に文在寅の次の大統領として尹錫悦が選ばれた。尹もまたイギリス・フリーメイソン側の人物であったことから、文在寅（国家情報院）の後継者として大統領に選ばれたのだ。

そして、アメリカに於いても韓国と同じように現職大統領が次期大統領を決める〝指名大統領制〟が採られている。最近では2016年のアメリカ大統領選挙で、誰もが政治経験豊かなヒラリー・クリントンが次期大統領になるだろうと予想していたのが、実際は政治経験が全くない政治素人のドナルド・トランプに負けた。この時の選挙では、当時の現職大統領であったバラク・オバマがイギリス・フリーメイソン側の人物であったのに、同

ユダヤによって落選させられた
ヒラリー・クリントン

じ政党のアメリカ・フリーメイソンのヒラリー・クリントンを裏切って次期大統領にトランプを指名したが故に生じた出来事であったのだ。

指名大統領制の利点とは、一国の政治方向性を統一するために、一人一人の大統領がバトンを渡す形で国政を安定させる目的で行われているのだ。反対に指名大統領制の弱点とは、もしもその国がイギリス・フリーメイソンによって乗っ取られた場合、国家の最大なる意思決定者である大統領その物が乗っ取られる点である。現在の韓国やロシア、アメリカのように、乗っ取られた国家体制の下で、指名大統領制により永遠にイギリス・フリーメイソン側の人物が大統領に選出され、イギリス・フリーメイソンの支配下になくてはならなくなる。

註　韓国では２００９年に盧武鉉と金大中との2人の大統領経験者が亡くなった。その内の金大中は当時の日本の首相であったイギリス・フリーメイソンの麻生太郎によって暗殺された（詳細は後述する）。一方の盧武鉉に関しては、実は２０１７年に韓国大統領となったイギリス・フリーメイソンの文在寅によって暗殺されていたのだ。２００９年当時、盧武鉉は自身のスキャンダルによって首が回らない状態となり、李明博政権によって逮捕秒読みであった。だが、盧武鉉が逮捕されると、数十年規模で拘束されることとなるために、この間、盧武鉉側の次期大統領候補である文在寅が次期大統領に成れない等の影響が出ることは必至であった。そこで、文在寅（国家情報院）側は逮捕寸前であった盧武鉉を殺害することで、盧武鉉の時計を止め、逮捕を回避させることで、韓国でのイギリス・フリーメイソン（国家情報院）の核心的利益である文在寅を韓国大統領に選出させたのだ。２００９年の盧武鉉の死は、自殺と一般的に言われているが、実際のところは、盧武鉉が死亡する２００９年5月23日の前夜から文在寅は盧武鉉逮捕の打合せの名目で盧武鉉宅を訪れており、翌早朝に盧武鉉宅の裏山に登山という名目で文在寅は盧武鉉を誘き出し、その登山中に山頂で文在寅が盧武鉉を撲殺し、投身させたと私は分析をしている。ちなみに、文在寅の趣味は登山である（文在寅が盧武鉉を殺害した事実は、盧武鉉の妻である権良淑が知っており、韓国国内で言われている〝国民統合〟とは、イギリス・フリーメイソンの文在寅（国家情報院）による、アメリカ・フリーメイソンの韓国乗っ取りのことを暗に示唆している）。

註　２０２４年現在韓国で言われている、航空会社の大韓航空とアシアナ航空との合併も、イギリス・フリーメイソンの文在寅による韓国乗っ取りを政治象徴させているのだ。この大韓航

2009年逮捕秒読みであった盧武鉉

韓国乗っ取りの国民統合のために盧武鉉の妻・権良淑の元を訪れ口封じを行う尹錫悦の妻・金建希

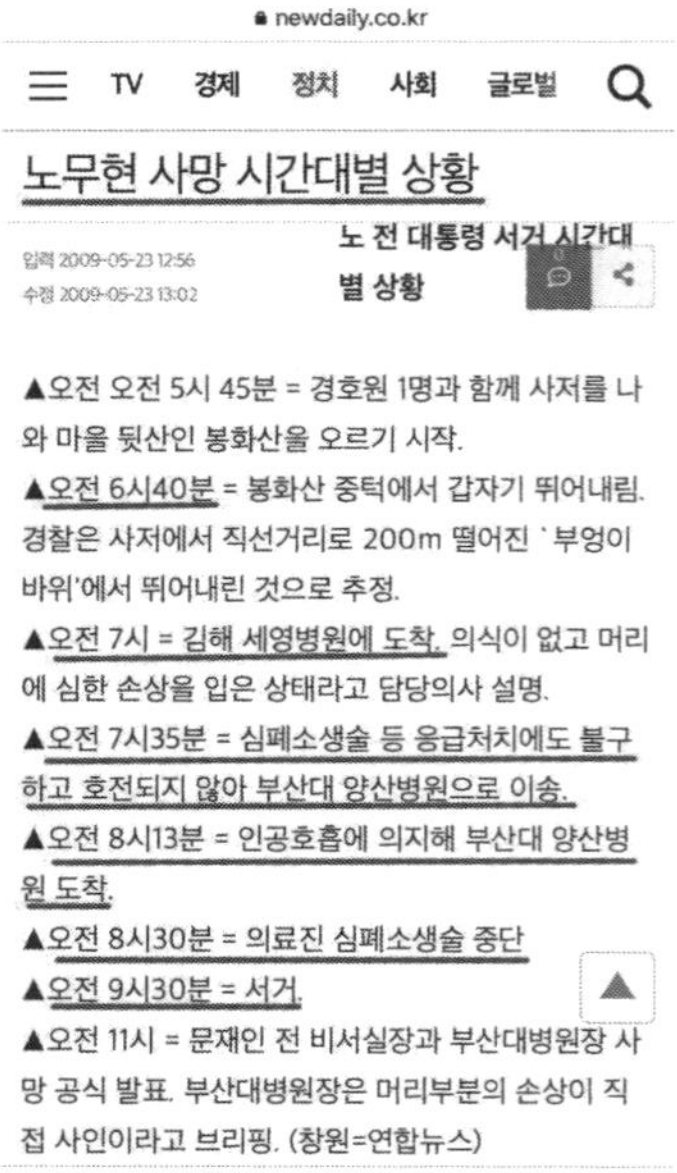

newdaily.co.kr

TV 경제 정치 사회 글로벌

노무현 사망 시간대별 상황

입력 2009-05-23 12:56
수정 2009-05-23 13:02

노 전 대통령 서거 시간대별 상황

▲오전 오전 5시 45분 = 경호원 1명과 함께 사저를 나와 마을 뒷산인 봉화산을 오르기 시작.
▲오전 6시40분 = 봉화산 중턱에서 갑자기 뛰어내림. 경찰은 사저에서 직선거리로 200m 떨어진 `부엉이 바위'에서 뛰어내린 것으로 추정.
▲오전 7시 = 김해 세영병원에 도착. 의식이 없고 머리에 심한 손상을 입은 상태라고 담당의사 설명.
▲오전 7시35분 = 심폐소생술 등 응급처치에도 불구하고 호전되지 않아 부산대 양산병원으로 이송.
▲오전 8시13분 = 인공호흡에 의지해 부산대 양산병원 도착.
▲오전 8시30분 = 의료진 심폐소생술 중단
▲오전 9시30분 = 서거.
▲오전 11시 = 문재인 전 비서실장과 부산대병원장 사망 공식 발표. 부산대병원장은 머리부분의 손상이 직접 사인이라고 브리핑. (창원=연합뉴스)

韓国報道機関発表の盧武鉉死亡の時系列

▲午前5時45分＝警備員1人と一緒に私邸を出て村の裏山であるボンファ山を登り始める。
▲午前6時40分＝ボンファ山の中腹から突然飛び降り。警察は私邸から直接距離で200m離れた「フクロウ岩」から飛び出したと推定。
▲午前7時＝金海セヨン病院に到着。意識がなく頭にひどい損傷を受けた状態だと担当医の説明
▲午前7時35分＝心肺蘇生術などの応急処置にもかかわらず、好転せず釜山大梁山病院に移送。
▲午前8時13分＝人工呼吸に頼って釜山大梁山病院到着。
▲午前8時30分＝医療陣心肺蘇生術中断
▲午前9時30分＝逝去。
▲午前11時＝ムン・ジェイン元秘書室長と釜山大病院長死亡公式発表。釜山大病院長は頭部の損傷が直接サインだと説明します（チャンウォン＝ヨンハップニュース）。

盧武鉉死亡時系列を翻訳したもの

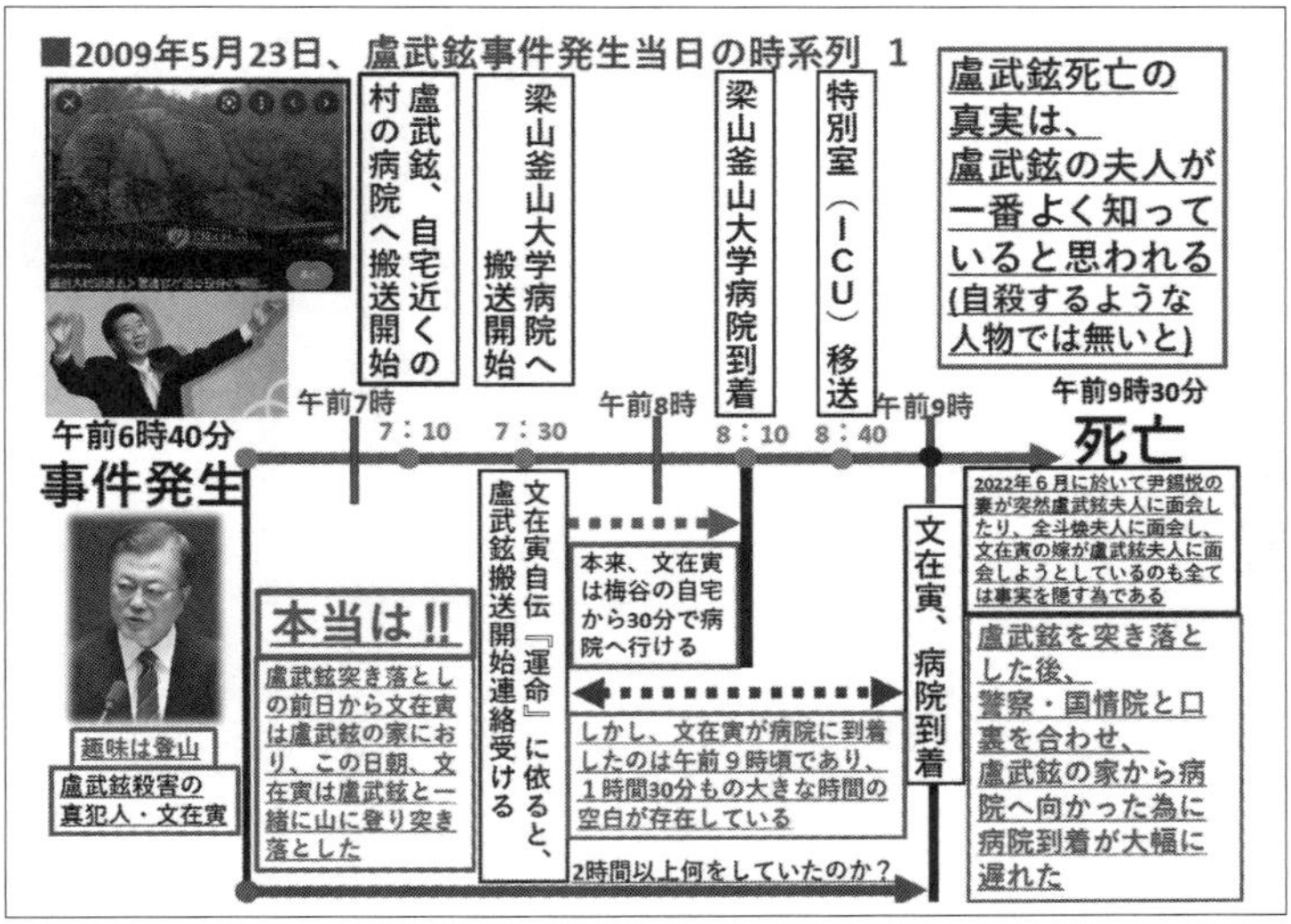

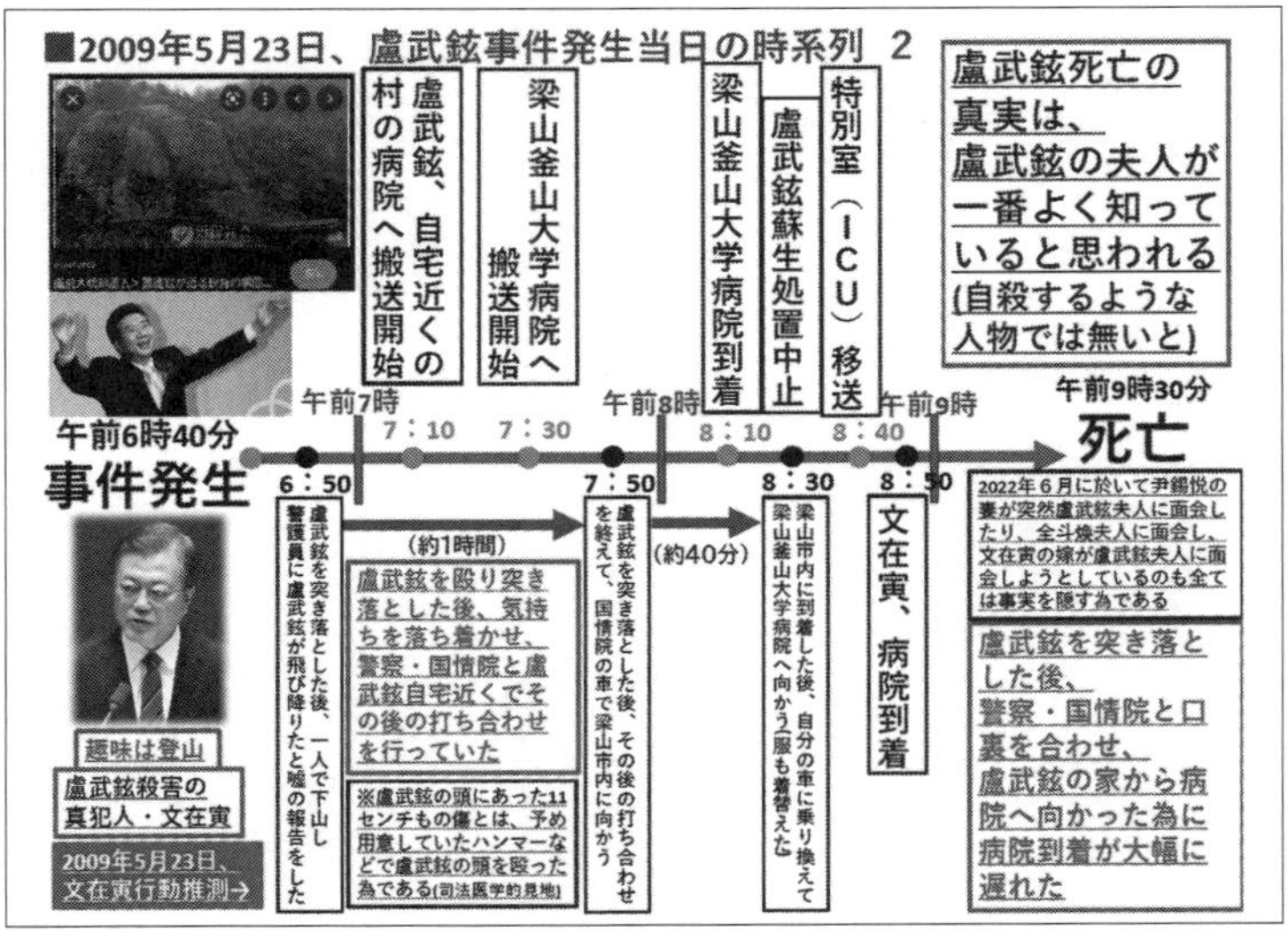

2009年５月23日の盧武鉉死亡の真実

空とは文在寅側のイギリス・フリーメイソン（国家情報院）系の航空会社であり、一方のアシアナ航空とは朴槿恵側のアメリカ・フリーメイソン側の航空会社である。

君主制を利用するフリーメイソンが支配する君主制の下では民主主義は成立し得ない

明治維新以降、日本はイギリスが敷いた天皇を君主とする、君主制の下で国家を運営することとなった。

イギリスがなぜ君主制を導入したかというと、一国で君主を制定すると、その君主をモチーフとした君主の利益に反しない政治がなされるという点である。

例えば、日本では既述の通り、イギリス・フリーメイソンが山口県田布施町の被差別部落の在日北朝鮮人を利用して現在の日本政府を作り上げたと述べた。これと同様に、実は日本の天皇にもこの山口県田布施町の被差別部落の在日北朝鮮人の血縁が明治維新を境に侵入してしまっている。現在の日本の天皇は正統な天皇の血縁ではなく、山口県田布施町の被差別身分の血縁が入ってしまっている。それが今の日本の天皇の正体であるのだ。

そして、この被差別部落の血筋が入っている天皇を日本の天皇に据え置くことで、イギリス・フリーメイソンはイギリス・フリーメイソン（ユダヤ＝日本政府）の利益に反しない政治を日本で展開しているのだ。

具体的には、第八章で述べた通り、第二次世界大戦時に日本（イギリス・フリーメイソン）はアメリカ（ＧＨＱ）からの攻撃を回避するために、大日本帝国憲法第九条にある〝天皇による緊急事態宣言〟を利用して日本人（非ユダヤ人）殺しの広島原爆を行った。君主制国家の下では、君主の決定が絶対的地位を有すがために、イギリス・フリーメイソンはこの君主制を悪用した、ユダヤ人（侵略者、被差別身分者）による国政を敷いたのだ。

そして、２０２４年の日本では、イギリス・フリーメイソン政党の〝自民党〟の支持率が低くなりつつも、政権交代が実現しないのは、この日本国の君主が自民党と同じく〝ユダヤ（被差別身分）〟であるが故だ。イギリス・フリーメイソンの君主制（ユダヤ）の下では君主（ユダヤ＝イギリス）の意向が絶対であるが故に、衆議院解散総選挙や政権交代が実現していないのだ。

だが、政権交代を実現したとしても、既述の通り、日本の君主が〝被差別身分者（ユダヤ）〟であるが故に、たとえどの政党になったとしても、君主（ユダヤ＝イギリス）の意向から逸れた政治は日本では行われないことから、これまで通り日本の国政に関しては大きな変化は起き得ないのだ。

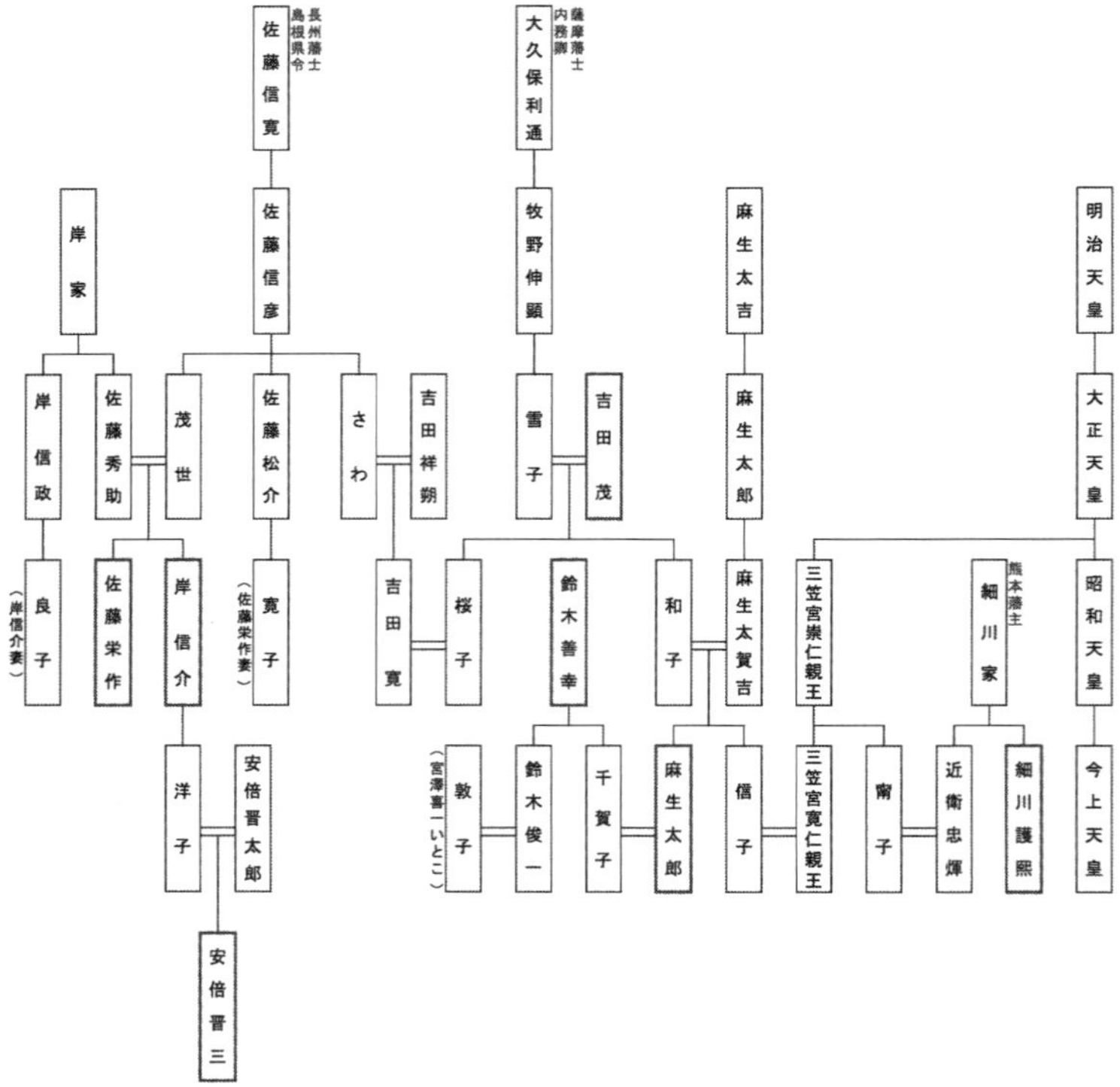

実際は明治天皇の代にヤクザ（ユダヤ）の血が入っていると思われる

日本を変えようとするならば、この被差別身分者（ユダヤ）の集団による「日本政府（イギリス・フリーメイソン）」と「天皇制（君主制）」を廃止にしなければならない。

日本（イギリス・フリーメイソン）の国体を守るために野党を利用し故意に政権交代させていた自民党

日本では1993年と2009年とに、自民党からの政権交代を実現しているが、このいずれの政権交代も実のところは野党側の実力で政権交代ができていたわけではない。実際は日本政府（自民党）の対外的な政治危機のために、この政治危機を乗り越えるがためだけに、野党側が担ぎ上げられていただけに過ぎなかったのだ。

先ず1993年の時であるが、この当時、日本政府（イギリス・フリーメイソン）は宿敵のアメリカ・フリーメイソン（中国、ロシア）を打倒するために、中国の鄧小平時代に締結した「パンダ外交」に従って、中国・毛沢東側の要人を日本に移民させたのだ。

この「パンダ外交」というのは実のところは〝人身売買〟のことであり、日本政府らイギリス・フリーメイソン側は宿敵であるアメリカ・フリーメイソン（中国、ロシア）側の要人を、敵地であるイギリス・フリーメイソンの日本へ移民させることである。日本でアメリカ・フリーメイソン（中国、ロシア）側に対して何らかの政治危機を作り出すことにより、アメリカ・フリーメイソン（中国、ロシア）を政治的に窮地に追い込み、イギリス・フリーメイソンの核心的利益である〝香港〟や〝台湾〟をアメリカ・フリーメイソン（中国、ロシア）側から奪還しようと考えたのだ。

そして、この作戦を実行するに当たり、イギリス・フリーメイソン（日本政府）はアメリカ・フリーメイソン（中国、ロシア）側の反感を買わないために、1993年にイギリス・フリーメイソン側の政党の自民党に代わって、イギリス・フリーメイソン色が薄い野党を担ぎ上げて政権を握らせたという訳だったのだ。それ故に、この年から数年間は日本は親中であり、また、その前哨戦として1970年代の親中・田中角栄の中国訪問や、アメリカの親中大統領のニクソンが中国を訪れていたのだ（後に田中角栄やニクソン大統領がロッキード事件やウォーターゲート事件で失脚させられたのは、彼らが真に親中だったからである。イギリスはただ彼らを中国との友好を演出するために登用したに過ぎないのに、彼らはイギリス・フリーメイソンの主権を脅かす程の親中政治家であったが故に、失脚させられたのだ）。

そして、2009年の政権交代である。この年、韓国では大統領経験者の金大中と盧武鉉とが死亡したのだが、この内、金大中元大統領の死に、あの当時日本の首相を務めてい

ロッキード事件

文A 16の言語版

ページ　ノート　閲覧　編集　履歴表示　ツール

出典: フリー百科事典『ウィキペディア（Wikipedia）』

ロッキード事件（ロッキードじけん、英語: Lockheed bribery scandals）は、アメリカの航空機製造大手のロッキード社による、主に同社の旅客機の受注をめぐって1976年（昭和51年）2月に明るみに出た世界的な大規模汚職事件である。

この事件では日本やアメリカ、オランダ、ヨルダン、メキシコなど多くの国々の政財界を巻き込んだが、本項では「**総理の犯罪**」の異名で知られる日本での汚職事件について詳細に述べる。

なお、肩書きはいずれも事件発覚当時のものである。

最高裁判所判例	
事件名	外国為替及び外国貿易管理法違反、贈賄、議院証言法違反被告事件
事件番号	昭和62年（あ）第1351号
1995年（平成7年）2月22日	
判例集	刑集49巻2号1頁
裁判要旨	
1. 日本の刑事訴訟法上、刑事免責の制度	

ウォーターゲート事件

文A 76の言語版

ページ　ノート　閲覧　編集　履歴表示　ツール

出典: フリー百科事典『ウィキペディア（Wikipedia）』

ウォーターゲート事件（ウォーターゲートじけん、アメリカ英語: *Watergate scandal*）とは、1972年に起きたアメリカ合衆国の政治スキャンダル[1]。

事件発覚の発端となったウォーターゲート・ビル

1972年6月17日にワシントンD.C.の民主党本部で起きた中央情報局（CIA）工作員による盗聴侵入事件に始まった、1974年8月9日に共和党リチャード・ニクソン大統領が辞任するまでの盗聴、侵入、裁判、もみ消し、司法妨害、証拠隠滅、事件報道、上院特別調査委員会、録音テープ、特別検察官解任、大統領弾劾発議、大統領辞任のすべての経過を総称して「ウォーターゲート事件」という[注釈 1]。

概要 [編集]

事件の発端は、1972年の大統領選挙戦の最中に、何者かが、当時（共和党の当時のニクソン政権では）野党だった民主党本部が入ったワシントンD.C.のウォーターゲート・ビル[2]に盗聴器を仕掛けようとして侵入したが、警備員に発見され警察に逮捕されたことであった。

親中派の田中角栄とニクソンを失脚させるために仕組まれたロッキード事件とウォーターゲート事件

た麻生太郎が関与しているのだ。

既述の通り、韓国はアメリカ・フリーメイソン国家であり、イギリス・フリーメイソン国家の日本とは戦前から激しく対立を繰り返しており、当然、イギリス・フリーメイソンの麻生太郎からすれば、アメリカ・フリーメイソンの金大中というのは宿敵中の宿敵でしかなかった。

金大中 / 死去

2009年8月18日, 韓国 ソウル セブランス病院

フィードバック

時事ドットコム
https://www.jiji.com › 特集 › 特集「緊迫！朝鮮半島」 ⋮

金大中元韓国大統領が死去

85歳だった。入院先の病院が明らかにした。退任後も一定の影響力を保持し、海外にも講演に訪れるなど精力的に活動していたが、7月13日に肺炎で入院。同16日から人工 ...

金大中

元大韓民国大統領 ⋮

金 大中は、韓国の政治家、市民活動家。第15代大統領。本貫は金海金氏。号は後廣。日本名は豊田 大中。ニックネームは「忍冬草」。略称は「DJ」。カトリック教徒で、洗礼名はトマス・モア。慶熙大学校大学院修了。エモリー大学・カトリック大学名誉法学博士。モスクワ大学政治学博士。立命館大学第37号名誉博士。 ウィキペディア

生まれ： 1924年1月6日, 韓国 シナン郡

死去： 2009年8月18日, 韓国 ソウル セブランス病院

子女： 金弘一、 Kim Hong-gul、 Kim Hong-up、 Kim So-hee

配偶者： 李姫鎬 (1962年 - 2009年)、 Cha Yong-ae (1945年 - 1959年)

● 第92代 内閣総理大臣	
内閣	麻生内閣
在任期間	2008年9月24日 - 2009年9月16日
天皇	上皇（明仁）

金大中逝去の１か月後に首相を辞した麻生太郎

そして、金大中が死去した２００９年、日本政府には政府が崩壊しかねない程の対外的な政治危機が発生していたのだ。

麻生太郎ら、日本政府側はこの政治危機をどうにか乗り越えるために、この政治危機の契機となった、宿敵であるアメリカ・フリーメイソンの金大中を暗殺した。そのことで、この政治危機を免れたのだ。

しかし、この政治危機を乗り越えるために宿敵の金大中を暗殺したからと言って安泰となれるのではない。これまでのアメリカ・フリーメイソン（中国、ロシア）とイギリス・フリーメイソン（日本政府）との激しい争いのように、何らかの政治報復が必ず待ち受けていることが予想できていた。そこで日本政府側は、そのアメリカ・フリーメイソン（中国、ロシア）側か

らの政治報復を回避するために、金大中暗殺の実行者である麻生太郎を早期に首相の座から引き降ろしたのだ。その後に、イギリス・フリーメイソン色が薄い野党政権を故意に樹立させることで、アメリカ・フリーメイソン（中国、ロシア）側からの政治報復を回避していたのだ（この政権交代当時に首相を務めていた鳩山由紀夫はアメリカ・フリーメイソンである）。

それ故に、日本に於いての政権交代とは、真に政権の交代を言っているのではない。明治維新で作り上げたイギリス・フリーメイソン（ヤクザ、マフィア）である日本政府の国体を守るために、対外的なアメリカ・フリーメイソン側の政治を意識して、日本政府の自己保身のために政権交代を行わせていたのだ。

そして、このような対外的な政治を意識した自己保身の政権交代は、現在の日本政府を作ったイギリス本国でも見られる。イギリスもまた、日本と同じように対外的な政治状況によって恣意的に野党の労働党を担ぎ上げてイギリス本土の国体を守らせる政治を行っている。

だが、この根本にあるのは、前項で述べた通りに、イギリスや日本はフリーメイソン（ヤクザ、マフィア）の君主制を導入している点である。このフリーメイソン（ヤクザ、マフィア）の君主の利益から逸れないような政治体制となっているが故に、このような野

キアッソ米国債事件

文A 1の言語版

ページ　ノート　　閲覧　編集　履歴表示　ツール

座標: 北緯45度50分0秒 東経9度2分0秒

出典: フリー百科事典『ウィキペディア（Wikipedia）』

キアッソ米国債事件（きあっそべいこくさいじけん、**Chiasso financial smuggling case**）は、2009年6月3日スイスのティチーノ州メンドリシオ区（Mendrisio）内の、イタリアのコモと国境を接する自治体のキアッソ（Chiasso）で起こった、総額1,345億ドル（約13兆円）いう巨額の米国債が押収された事件。日本のメディアにおいては**キアッソ事件**、**13兆円米国債不法所持事件**等と書かれることもある。

概要 [編集]

2009年6月3日イタリアとスイス国境にあるキアッソ駅を経由して、スイスへ入境しようとしていたスーツ姿の日本人2人組が、その所持品から地元キアッソ当局とイタリア財務警察（英語版、イタリア語版）（Guardia di Finanza）に拘束された。彼らが所持していた鞄には、額面5億ドル249枚および10億ドル10枚など、総額1,345億ドル相当の巨額の米国債が入っていた[1]。2人が保有していた米国債の総額は、当時の英国の保有額1,280億ドルを抜いてロシアの1,380億ドルに迫り、中国、日本、ロシアに継ぐ世界第4位の保有額に相当した[2]。

日本政府崩壊を阻止するために仕組まれた日本人ケネディー債持ち出し事件

党政党を利用した猫かぶりな政治体制となっているのだ。

真剣に被差別身分者（ユダヤ人）を使ったイギリス・フリーメイソンによる日本統治の〝天皇制〟と〝日本政府〟とを打倒し、廃絶させなくては日本人の明日に明るい未来はない（私自身も日本政府を打倒するために書き綴っている）。

註　2008年にスイスで日本人による、数兆円規模の巨額債券のケネディー債の持ち出し事件が発生していた。当時の日本政府の政治危機にスイス（ロスチャイルド＝イギリス・フリーメイソン）やアメリカ（ロックフェラー）が深く関与していたが故に、日本政府側はスイス（ロスチャイルド）やアメリカ（ロックフェラー）を牽制しながら、1960年代のアメリカ買収の巨額債券のケネディー債を発行した恩義を匂わせて、このような事件を作り上げていたのだ。

註　日本では野党政権であった1995年に阪神・淡路大震災が発生しているが、これもアメリカ・フリーメイソンがイギリス・フリーメイソン側を政治的に牽制して引き起こされた、1923年の関東大震災と同様の人工地震（政治地震）であったのだ。既述の通り、日本政府らイギリス・フリーメイソンは、戦後官製人身売買の〝パンダ外交〟を通して、イギリス・フリーメイソンの国の日本でアメリカ・フリーメイソン（中国・毛沢東派）の重要人物を暗殺するなどを企んでおり、このイギリス・フリーメイソンの作戦を牽制するために、1995年阪神・淡路大震災は引き起こされていたのだ。また、1923年の関東大震災も1995年の阪神・淡路大震災と同じく、イギリス・フリーメイソンの悪事を牽制して発生させられていたのだ。

2024年7月の東京都知事選挙で小池百合子が再選された真相

2024年の日本では、再び政権交代が言われていたが、これも実のところはイギリ

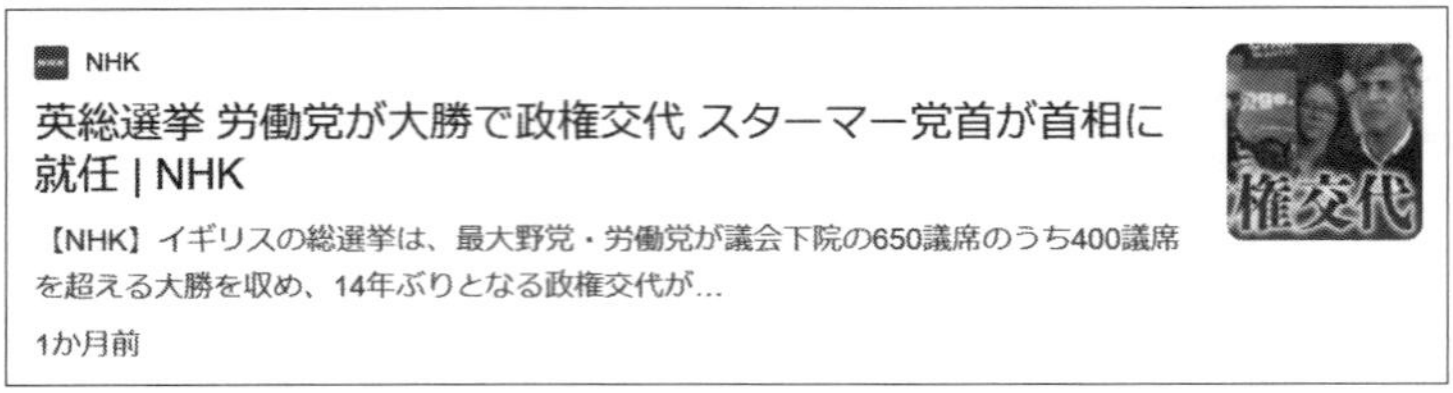
NHK

英総選挙 労働党が大勝で政権交代 スターマー党首が首相に就任 | NHK

【NHK】イギリスの総選挙は、最大野党・労働党が議会下院の650議席のうち400議席を超える大勝を収め、14年ぶりとなる政権交代が…

1か月前

次なるユダヤの世界征服のために故意に政権交代を行わせたイギリス

ス・フリーメイソンによる、アメリカ・フリーメイソン（中国、ロシア）侵略の世界征服が関与している。

　かの日本の宗主国であるイギリスでは、2024年7月にあった選挙で政権が交代し、野党側の労働党が政権を樹立した。

　この背景にあるのは、今後行われるイギリス・フリーメイソンによるアメリカ・フリーメイソン（中国、ロシア）侵略の政治で、アメリカ・フリーメイソン（中国、ロシア）側を刺激しないためにイギリス・フリーメイソン側は敢えてアメリカ・フリーメイソン側の労働党を担ぎ出し政権を握らせたのだ。

　既述の通り、イギリス・フリーメイソン側が、イギリス本土で強硬的にアメリカ・フリーメイソン（中国、ロシア）を打倒する世界征服の謀略を行うと、アメリカ・フリーメイソン（中国、ロシア）側による予期せぬ政治報復が発生しかねないことから、イギリス本国ではアメリカ・フリーメイソン（中国、ロシア）寄りの労働党を担ぎ出したのだ。

　一方でイギリス・フリーメイソンが作った国のオランダでは極右

日本経済新聞
https://www.nikkei.com › 国際 › ヨーロッパ

オランダに極右主導政権 首相は元情報機関トップ

2024/07/02 — 【ブリュッセル=共同】**オランダ**のウィレムアレクサンダー国王は2日、反移民、反欧州連合（EU）の**極右**、自由党（PVV）主導の4党連立政権を承認し、 ...

毎日新聞
https://mainichi.jp › articles

国民の多くが「知らない」首相 オランダ極右党首、異例指名の経緯

2024/07/04 — **オランダ**で**極右**政党主導の連立政権を率いることになったのは、政治経験のない官僚だった。ディック・スホーフ氏（67）は、首相就任を発表する記者会見 ...

イギリスに代わってユダヤの世界征服の司令塔となるために極右政権が立てられたオランダ

ジェトロ（日本貿易振興機構）
https://www.jetro.go.jp › biznews › 2024/07

フランス下院選、左派連合が最大勢力に、極右は失速

2024/07/09 — マクロン大統領の与党連合は165議席と、改選前（245議席）から80議席を失い、左派連合に次ぐ第2勢力に後退した。 RNは143議席（中道右派「共和党」から ...

フランスで極右政権の樹立に失敗したユダヤ

政権（極右とは極ユダヤのこと）を樹立させることで、イギリス・フリーメイソン側はオランダを司令塔としてアメリカ・フリーメイソン（中国、ロシア）潰しの謀略を行おうと現在考えているのだ（オランダは1600年代頃にユダヤが作った国である）。

そして、イギリス・フリーメイソンは本来はアメリカ・フリーメイソン側のフランスでも、極右政権（極右とは極ユダヤのこと）を樹立させて、フランスをも巻き込んでアメリカ・フリーメイソン（中国、ロシア）を

朝日新聞デジタル

蓮舫氏、まさかの3位に涙も…選対幹部「何が原因かよくわからない」 [東京都知事選2024] [東京の政治] [東京都]

7日に投票された東京都知事選は、無所属現職の小池百合子氏（71）の3選が確実となった。「失意泰然。私の力不足に尽きる」。まさかの3位に、蓮舫氏は...

1か月前

東京都知事に蓮舫を選出する事に失敗したユダヤ

打倒する政治を展開させようと考えたのだが、こちらの２０２４年７月に行われたフランスでの選挙では、アメリカ・フリーメイソン（中国、ロシア）側が善戦し、当初の予想とは異なり極左政党側が勝利し、フランスでは極左政権が樹立されることとなった。

　また、同じく７月に日本で行われた東京都知事選挙に於いても、イギリス・フリーメイソン（日本政府）側は、当初のところは、香港と台湾の利権をアメリカ・フリーメイソン（中国、ロシア）側から奪うべく、台湾に血縁を有す蓮舫を都知事にさせる予定であったのだが、こちらもアメリカ・フリーメイソン（中国、ロシア）側が善戦したことから、蓮舫は当選せずに、引き続き小池百合子が当選することとなったのだ（イギリス・フリーメイソン側はその前哨戦として沖縄県議会選挙で、アメリカ・フリーメイソン（中国、ロシア）側の現職沖縄県知事の玉城氏側の政党を敗北に追いやっている。そして、もしも蓮舫が東京都知事となっていた場合、日本もイギリスと同様に政権交代の波に乗り、故意なる政権交代を行いつつ、アメリカ・フリーメイソン（中国、ロシア）を崩壊させる政治謀略を

東京新聞 TOKYO Web

「ごめんね。バレちゃうから」と小池百合子さんは言った…都知事の元同居人が学歴詐称疑惑を語った

東京都知事選を7月に控え、エジプトのカイロ大を卒業したという小池百合子知事（71）の学歴に改めて注目が集まっている。「本当は卒業してい...

2024/05/27

中国を牽制するために東京都知事に選ばれていた小池百合子

ハンギョレ新聞

中国はなぜ韓国のＴＨＡＡＤをこれほどまでに警戒するのか : 日本•国際

「三不一限」外交慣例に反する脅しの理由とは 「米、北東アジアに打ち込もうとする兵器」 Xバンドレーダーが中国を監視すると主張. THAADからさらに中...

2022/08/12

中国側からの反撃に備えたTHAAD

展開していたところであった)。

それ故に、今回イギリス・フリーメイソン側はフランスといい、東京都知事選挙といい、アメリカ・フリーメイソン（中国、ロシア）側が予想外に善戦したことにより、かなり世界征服に関して焦りを感じているということなのだ。

註　小池百合子が、かつて滞在したエジプトとは中国の隠語国であり、イギリス・フリーメイソン側は２０１７年のＴＨＡＡＤ作戦で東京が中国軍によって攻撃されないようにと、故意に小池百合子を東京都知事に置いて中国側を牽制していた。

註　２０１６年頃から始まったＴＨＡＡＤ作

戦とは、イギリス・フリーメイソン側が韓国を使ってアメリカ・フリーメイソン（中国、ロシア）に政治的打撃を与える謀略であった。その防衛として韓国や日本で最新式の迎撃ミサイルTHAADが配備されていたのだ。また、この時期にアメリカ・フリーメイソンの朴槿恵が政治的に破局を迎えていた。このTHAAD作戦のために朴槿恵は、イギリス・フリーメイソンの極悪なる世界征服に邪魔であったために、韓国政治から追放されたのだ。

註　東京都知事選挙が行われる前に、台湾では対中窓口のトップが逮捕され、台北市前市長も逮捕されていた。全ては国際情勢で優位になるアメリカ・フリーメイソンの中国を政治的に牽制するために政治的見せしめで彼らは逮捕されたのだ。実際に台湾で逮捕などの政治指揮を行っているのは東京の警視庁（イギリス・フリーメイソン）である。

ドナルド・トランプを確実にアメリカ大統領にするために故意に銃撃させたイギリス・フリーメイソン

２０２４年7月13日、アメリカのアメリカ・フリーメイソン側の土地であるペンシルベニア州で、イギリス・フリーメイソンのトランプ前大統領が銃撃された。この事件は一見すると、1963年に起きたケネディー暗殺のように、アメリカ・フリーメイソンの利益を侵害しようとするイギリス・フリーメイソンのトランプ氏が、アメリカ・フリーメイソン側によって銃撃されたかのようにも映るが、実際のところはそうではなく、この事件はイギリス・フリーメイソン側がトランプを確実にアメリカ大統領に再選させるために仕組んだイギリス・フリーメイソンによる〝ヤラセ〟であったのだ。

先述した通りに、イギリス・フリーメイソン（MI6、CIA）側は、当初は当選確実とされていたフランス極右政党が予想に反し大敗し、また、東京都知事選挙に於いても当初の推しであった蓮舫が当選しなかったなど、計画に反してイギリス・フリーメイソン側の施策は功を奏さなかった。

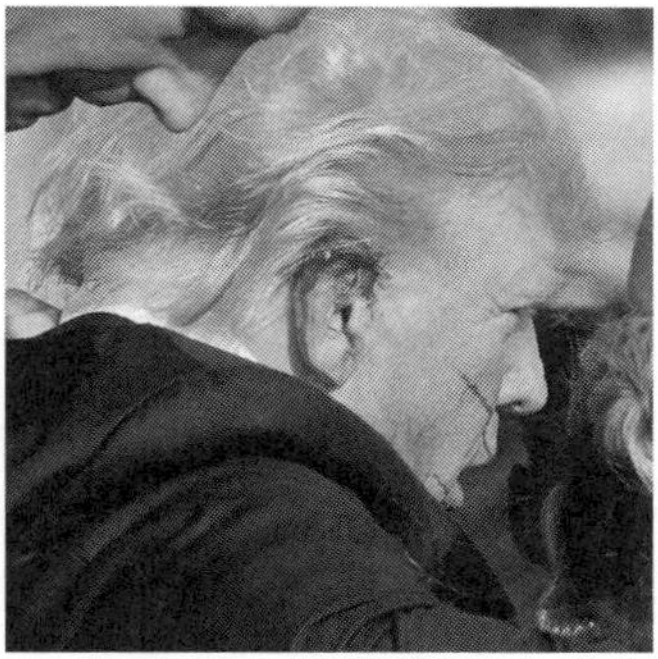

故意にトランプを銃撃させたユダヤ

そして、イギリス・フリーメイソン（日本政府）側は、アメリカ・フリーメイソン（中国、ロシア）側が今後日本でイギリス・フリーメイソンの極悪なる世界征服を妨害する活動を行うことを聞きつけ、トランプを確実に大統領とするために、2024年7月13日、ペンシルベニア州でトランプへの銃撃を決行したのだ。この銃撃の目的は、先述した通りに、トランプに再びアメリカ大統領

Bloomberg.co.jp
https://www.bloomberg.co.jp › articles › 2024-07-12

マスク氏がトランプ氏に献金、巨万の富活用で24年選挙を左右も

2024/07/13 — 米資産家**イーロン・マスク**氏は、トランプ前大統領のホワイトハウスへの返り咲きを目指すスーパー政治活動委員会（PAC）に**献金**した。

トランプを再選させるために巨額の政治献金を行うイーロン・マスク

をさせ、イギリス・フリーメイソンによる極悪なる世界征服を確実に実行させるためであった。トランプへの同情票等の取り込みのために「銃撃」という強硬策にイギリス・フリーメイソンは走ったのだ。

繰り返すが、イギリス・フリーメイソン側は元々はフランスに於いては極右政権が樹立されると確実視していたし、東京都知事選挙に於いても蓮舫が勝てるようにしっかりと根回しを行っていたのだ。故に、イギリス・フリーメイソン（MI6、CIA）側は、今回のフランスと東京都知事選挙のように予想外のことが起きてはならないと憂慮した。そこで確実にトランプを大統領に当選させ、イギリスによる極悪なる世界征服（香港、台湾の奪還）を達成できるようにと、トランプを銃撃させるシチュエーションを故意に作り上げたのだ。

また、このトランプが銃撃される前日の2024年7月12日、同じくイギリス・フリーメイソンのアメリカの企業家である〝イーロン・マスク〟は、トランプに対して巨額の政治献金を行っていた。

このイーロン・マスクの真の正体とは、一般に言われている企業家ではなく、イギリスの諜報機関ＭＩ６の上級諜報員である。彼がトランプに対して巨額政治献金を行ったのは、アメリカを極悪なる世界征服のため完全にイギリス（スイス）の支配下に置くためである。世界政治の中心となるアメリカ大統領にトランプを確実に当選させる目的の巨額政治献金であったのだ。

それ故に、このイーロン・マスクの巨額政治献金と今回の銃撃事件とは関連がないとは言えないのだ。

イギリス・フリーメイソン側は２０１９年の香港大暴動（テロ）や、２０２０年より始まったコロナによる全世界閉鎖、そして全人類に対するコロナワクチンの強制接種などの極悪事業を、再びトランプを世界政治の強権を持つアメリカ大統領にさせることで行わせ、イギリスの極悪なる世界征服の目的を達成しようと考えているのだ。

註　イーロン・マスクはイギリス連邦の南アフリカ出身のイギリス国籍を持つ、イギリスの諜報機関のＭＩ６の上級諜報員である。彼の任務はアメリカをイギリスの手に落とすことであり、それ故に彼はアメリカの企業・Twitter を買収するなどしてアメリカのイギリス化に奔走している。また、彼が世界有数の富豪となっているのも、イギリスＭＩ６がイーロン・マスクに対して資金を提供した結果であり、イーロン・マスク自身の実力で大富豪となれたのではない。更にトランプであるが、彼は本来ならばアメリカのドイツ系移民でニューヨーク出身であるためにアメリカ・フリーメイソンの地位を有すが、トランプは精神疾患（自己愛性人格障害）を有すためにアメリカ・フリーメイソンの資格は与えられずにイギリス・フリーメイソンの資格となっている。それ故に、トランプは現在、アメリカ・フリーメイソンの本拠地であるニューヨークで散々な裁判に掛けられ、反対にイギリス・フリーメイソン側のフロリダ州では大豪邸を構え成功している。これがトランプの政治性を示唆しているのだ（アメリカ・フリーメイソンには精神疾患者はなれない規定が存在している）。

註　イーロン・マスクは電気自動車大手のテスラの社長であるが、彼が電気自動車（ＥＶ）へ手を出したのもイギリス・フリーメイソンの政策が関与している。この電気自動車（ＥＶ）とはイギリス・フリーメイソンを政治象徴させる物である。一方でオイルを使うこれまでの自動車はアメリカ・フリーメイソンを政治象徴させる物であるのだ。これまでイギリス・フリーメイソンによる世界征服ではかの邪悪な〝ユダヤ教〟が使用されると述べて来たが、アメリカ・フリーメイソンというのはユダヤ（パリサイ派＝悪を行うユダヤ人）とは対照的にキリスト（イエス・キリスト）主義であり、このキリストとはオイルを政治象徴するのだ。それ故に、アメリカ・フリーメイソンはオイルを使った自動車を愛用する。また日本に於いても電気自動車が全く普及しない背景には、1945年に日本を占領したアメリカ・フリーメイソンのGHQの影響が残っているために、全面的な電気自動車の普及とはならず、アメリカ・フリーメイソン（オイル）とイギリス・フリーメイソン（電気）とを掛け合わしたハイブリッド自動車が普及するにとどまっているのだ。このように、物やテクノロジーにも政治が存在しており、私はこれを〝物政学〟と呼んでいる。また、そのオイルの依存から脱却しようと世界中で脱炭素が叫ばれるようになったのも、現在世界中で進められているイギリス・フリーメイソンによるアメリカ・フリーメイソン潰しの政治のために〝脱炭素（カーボンニュートラル）〟が言われているのだ（2015年から提唱されたSDGsも〝脱炭素（カーボンニュートラル）〟と同じくイギリス・フリーメイソンによるアメリカ・フリーメイソン潰しの政治のために作られた政策である）。

2024年アメリカ大統領選挙の行方

既述の通り、アメリカや多くの〝民主主義（フリーメイソン）〟国家というのは、現職大統領が次期大統領を選出する〝指名大統領制〟であるため、一市民が持つ選挙権よりも、

日本記者クラブ

「中国反スパイ法とどう向き合うか」鈴木英司・元日中青年交流協会理事長（『中国拘束2279日 スパイにされた親中派日本人の記録』著者）

会見メモ. 中国で7月1日にスパイ行為の摘発強化を目的とする改正「反スパイ法」が施行された。 2016年にスパイ容疑で中国当局に拘束され、懲役6年の刑期を...

2023/08/08

ユダヤによる本物バイデン拘束を政治牽制させて中国で逮捕されていた日中青年交流協会の鈴木英司氏

現職大統領の恣意が強く反映される政治構造となっている。

今回のアメリカ大統領選挙に於いても、現職大統領の偽物バイデンの意思が強く反映される訳なのだが、この偽物バイデンは２０２４年７月20日に大統領選挙戦から撤退する決定を下したことから、次期大統領を選出するうえで大幅な変更があると思われる。

これも既述の通りであるが、イギリス・フリーメイソンというのは、世界征服のために、宿敵となる現職の大統領や、大統領候補を暗殺したり、監禁するなどして、国際政治に於いてイギリス・フリーメイソン側が有利になるようにと仕組んでいる。

そして、２０１６年11月に行われたアメリカ・大統領選挙の前月の２０１６年10月にアメリカ・フリーメイソンの本物バイデンは、イギリス・フリーメイソンの大本命であるドナルド・トランプを大統領に当選させるために拘束され、その時点から今日のバイデンはイギリス・フリーメイソンが用意した〝偽物バイデン〟となっている。

CNN.jp

バイデン米副大統領に自由勲章 オバマ氏からのサプライズ

オバマ米大統領は１２日、ホワイトハウスでバイデン副大統領に文民としては最高の栄誉である大統領自由勲章を授与した。サプライズで行われた授与に、...

2017/01/13

トランプを当選させた裏切りを行った事を讃えて与えられた大統領自由勲章

この本物バイデンが拘束された２０１６年の時期に、中国では日中青年交流協会の鈴木英司氏が拘束されていたのも、イギリス・フリーメイソン（日本政府）側が、２０１６年のアメリカ大統領選挙でドナルド・トランプを大統領へ当選させ、そして彼らの宿敵である本物ジョー・バイデンの政治的影響力を排除するためである。バイデンを拘束すると言った情報を中国側は握っていたので、中国側はイギリス・フリーメイソン（日本政府）側を政治的に牽制して、鈴木氏を長期にわたり拘束していたのだ（２０２０年に起きた、対中輸出で捜査を受けた大川原《おおかわら》化工機での警視庁公安部による事件は、イギリス・フリーメイソンの日本政府が、アメリカ・フリーメイソンの中国を政治的に牽制して行われた国際政治的な冤罪（捏造）事件であった。また、本物バイデンが上院議員に選出された１９７２年にバイデンの妻子が交通事故で死亡したのも、更に、２０２４年現在その本物バイデンの息子のハンター・バイデンがスキャンダルにまみれさせられているのも、全てはイギリス・フリーメイソンが、イギリス・フリーメイソンの強敵である本物バイデンや、その子息をアメリカ大統領にならせないた

Bloomberg.co.jp

オバマ大統領へのノーベル平和賞授与に批判－「早まった聖人化」

オバマ大統領へのノーベル平和賞授与に批判－「早まった聖人化」 ... ノルウェーのノーベル賞委員会が核軍縮や中東和平などの公約の実現前にオバマ米大統領...

2009/10/10

2009年の大統領就任早々にユダヤの極悪なる世界征服に貢献しノーベル平和賞が与えられたオバマ

めに仕組んだものだ。つまり１９４５年のフランクリン・ルーズベルト暗殺と同様のアメリカ潰しの出来事なのだ）。

そして、そのイギリス・フリーメイソンが用意した偽物バイデンには、同じくアメリカ乗っ取りの大統領であったイギリス・フリーメイソンのバラク・オバマによって２０１７年に「大統領自由勲章」が与えられている。

私は２０２４年のアメリカ大統領選挙とは、この２０１７年にオバマが偽物バイデンに対して授与した「大統領自由勲章」が、一つの政治的重要なポイントになると思っている。

それは、イギリス・フリーメイソンの世界では、宿敵のアメリカ・フリーメイソンを倒すために「褒章」を政治家に授与している。世界的にイギリス・フリーメイソンの極悪なる世界征服に貢献した政治家を世に知らしめるためである。

具体的には、毛沢東と周恩来の暗殺に至るまでの工作を成功させたことを讃えて１９７３年にノーベル平和賞が与えられたイギリス・フリーメイソンのキッシンジャーや、同じくベトナム戦争

2013年11月に宿敵イギリスを訪れ褒章を受ける朴槿恵

で日本（アメリカ・フリーメイソン）側の利益をイギリス・フリーメイソン側に返上し１９７４年にノーベル平和賞を受賞した佐藤栄作、２００９年に大統領就任早々にイギリス・フリーメイソンの極悪なる世界征服に貢献しノーベル平和賞が与えられたバラク・オバマ、そして、２０１３年、イギリス・フリーメイソンの懐柔工作に遭いイギリス・フリーメイソンの長であるエリザベスより褒章を授与されたアメリカ・フリーメイソンの朴槿恵など、イギリス・フリーメイソンはその世界征服の目的達成のために対象とする重要政治家に対して常に褒章を与え続けているのだ。

　そして、今回偽物バイデンは２０１７年にオバマを通してイギリス・フリーメイソンより「大統領自由勲章」を与えられていることから、偽物バイデンはアメリカ・フリーメイソンを裏切り、イギリス・フリーメイソン（シオニスト）のトランプを次期大統領として指名するのではないかと強く分析している。

　もしも、偽物バイデンがドナルド・トランプを次期大統領として指名した場合、偽物バイデンはイギリス・フリーメイソンの極悪なる世界征服に貢献したということで、近い将来これまでの政治家のように「ノーベル平和賞」が授与されると私は予測している。このように、イギリス・フリーメイソンに乗っ取られた、戦後のノーベル賞というのは常に皮肉な賞なのだ。

註　2024年のアメリカ大統領選挙で民主党の大統領候補となったカマラ・ハリスとは、こちらもバラク・オバマと同様の親イギリス・フリーメイソンのアメリカ・フリーメイソンである。もしも、カマラ・ハリスが大統領に就任していた場合、バラク・オバマが大統領だった頃と同じく、アメリカ・フリーメイソン（民主党）の振りをしつつイギリス・フリーメイソンの世界征服に貢献する両刀政治を展開したと思われる。

イギリス・フリーメイソンが支配するバングラディッシュとパラオ

2024年8月5日、バングラディッシュでは政府の政策への不満から大暴動が生じ、首相であったハシナ氏が政府官邸から、イギリス領のインドを経て、イギリスへ政治亡命する事態が発生した。

このバングラディッシュでの政変も、実はアメリカ・フリーメイソン（バングラディッ

毎日新聞

インドに逃亡中のバングラデシュ・ハシナ前首相、英国に亡命へ

インドメディアによると、隣国インドに逃れたバングラデシュのハシナ前首相は、近く英国へ亡命するとみられる。ハシナ氏は5日夕に首都ニューデリー…

2週間前

2024年８月にバングラディッシュを追われたハシナ

シュ軍）vsイギリス・フリーメイソン（ハシナ）で行われている係争であるのだ。

これまでに述べて来た旧日本海軍や朴正熙時代の頃の韓国軍のように、世界中の軍部というのは本来はアメリカ・フリーメイソン（原住民）側の組織であるのだ。そして、イギリス・フリーメイソンの組織とは警察、情報機関、並びに政府であるのだ。

それ故に、最近のタイでもそうだが、世界中で軍部がクーデターを起こし政府を掌握するということは、アメリカ・フリーメイソン（原住民）がイギリス・フリーメイソン（ユダヤ＝侵略者）に対して抵抗しているということなのだ。

そして、今回のバングラディッシュでの暴動も、一般的には国民が政府を転覆させたと報道されているが、実際はアメリカ・フリーメイソン側のバングラディッシュ軍が、イギリス・フリーメイソンのハシナ氏を追放するために仕組んだ実質上のクーデターであると私は分析をしている（実際にこの暴動で、ハシナ氏側の警察組織は民衆の暴動の鎮圧に動いたが、バングラディッシュ軍は暴動鎮圧に

毎日新聞
https://mainichi.jp › articles

急転直下の辞任、バングラのハシナ首相とは 「建国の英雄」の娘

2024/08/05 — 5日に辞任したバングラデシュのシェイク・**ハシナ**首相（76）は、パキスタンからの独立運動を率い、「建国の英雄」とたたえられたムジブル・ラーマン ...

バングラディッシュ建国の父、ムジブル・ラフマンの娘であるハシナ。彼女も父同様にバングラディッシュ軍によって国を追い出された

動いてはいない。また今回イギリス・フリーメイソン（日本政府）が行った広島原爆の8月6日の前日にクーデターを起こしたのも、イギリス・フリーメイソンを政治的に牽制する意図を持っている）。

そのハシナ氏はというと、暴動後にバングラディッシュを出て、イギリス連邦のインドへ向かい、今はイギリスで政治亡命を行っているのだ。つまり、このハシナとはイギリスがバングラディッシュ乗っ取りのために遣わした使者であったのだ。

このハシナ氏の父親のムジブル・ラフマンもイギリス・フリーメイソンのバングラディッシュ乗っ取りの使者であったために、1975年8月15日にバングラディッシュ軍によって暗殺されている。

バングラディッシュ軍がハシナ氏の父親のムジブル・ラフマンを暗殺したのは、第十章で述べた通りである。

この当時イギリス・フリーメイソン側は毛沢東派閥によるなし崩しに必死となっており、その翌年の1976年に毛沢東と周恩

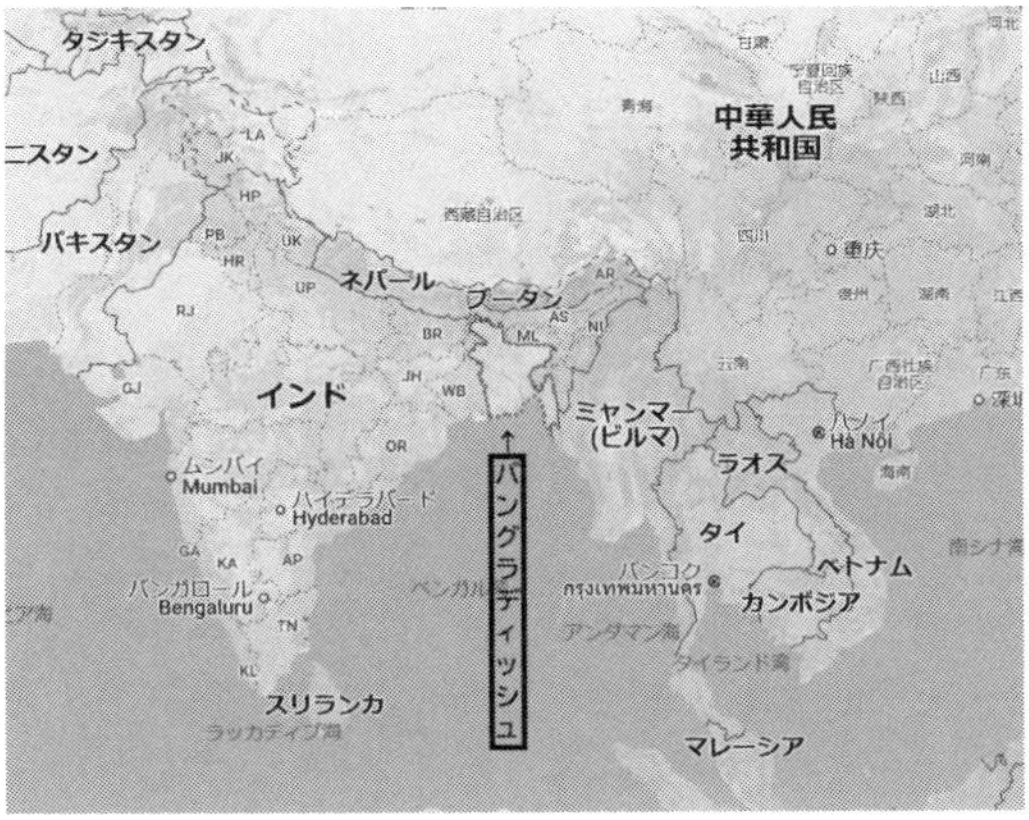

ヒマラヤ山脈に近いバングラディッシュ

来とが逝去するなど、アメリカ・フリーメイソン側の中国にとっては一大局面であった。そこでアメリカ・フリーメイソン側の中国人民解放軍（バングラディッシュ軍に委託）はイギリス・フリーメイソンによる中国崩しを牽制するために、イギリス・フリーメイソン（日本政府）の敗戦日の8月15日を故意に選んでハシナ氏の父親のムジブル・ラフマンを暗殺したのだ。

また、このハシナ氏の父親のムジブル・ラフマンは、日本の国旗に似せてバングラディッシュ国旗を作るなど、筋金入りのイギリス・フリーメイソンであった。

イギリス・フリーメイソンがバングラディッシュを支配しようとする目的は、ヒマラヤ山脈に眠っている大量の金塊を略奪することにある。既述の通り、イギリス・フリーメイソンの最大なる活動目的とは〝世界中の金塊を略奪すること〟である。

バングラディッシュは地理的には大量の黄金（ゴールド）が眠っているチベットやヒマ

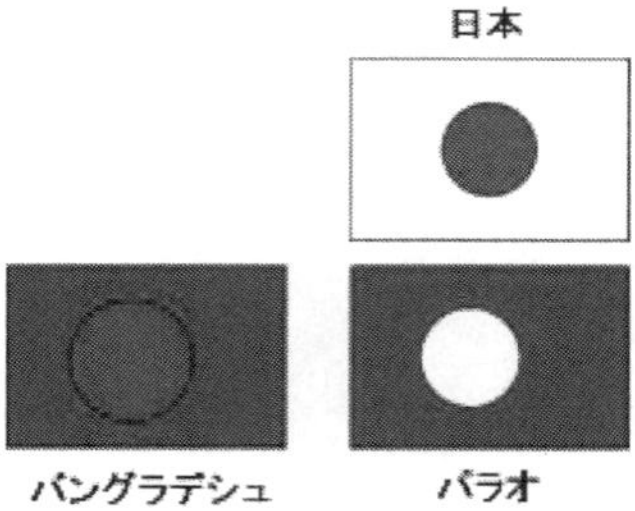

日本国旗に似せた国旗を使うバングラディシュとパラオ

ラヤ山脈に近い。イギリス・フリーメイソンはバングラディッシュを攻略して、これらヒマラヤ山脈に眠っている黄金（ゴールド）を略奪しようとハシナ氏や、ハシナ氏の父親のムジブル・ラフマンをバングラディッシュの為政者に据えたのだ。

　そして、ハシナ氏の父親のムジブル・ラフマンが日本の国旗に似せてバングラディッシュ国旗を作った。それもまたバングラディッシュの国益をイギリス・フリーメイソン側に売り飛ばすため、イギリス・フリーメイソンのアジアでの最大拠点である日本に歩調を合わせてバングラディッシュ国旗を日本国旗風としたのだ。

註　また、パラオという西太平洋にある小国が日本と同じようなデザインの国旗を使用しているのも、台湾の山々に眠っている大量の金塊をイギリス・フリーメイソンが略奪できるようにと、バングラディッシュと同じく政治的意図を持って日本と同じ国旗としているのだ。このパラオと台湾とは地理的に距離はあるものの、太平洋戦争時にはパラオは台湾を守るための第一絶対防衛線であり、重要な拠点であったのだ。そして、戦後パラオはアメリカ（ＧＨＱ）によ

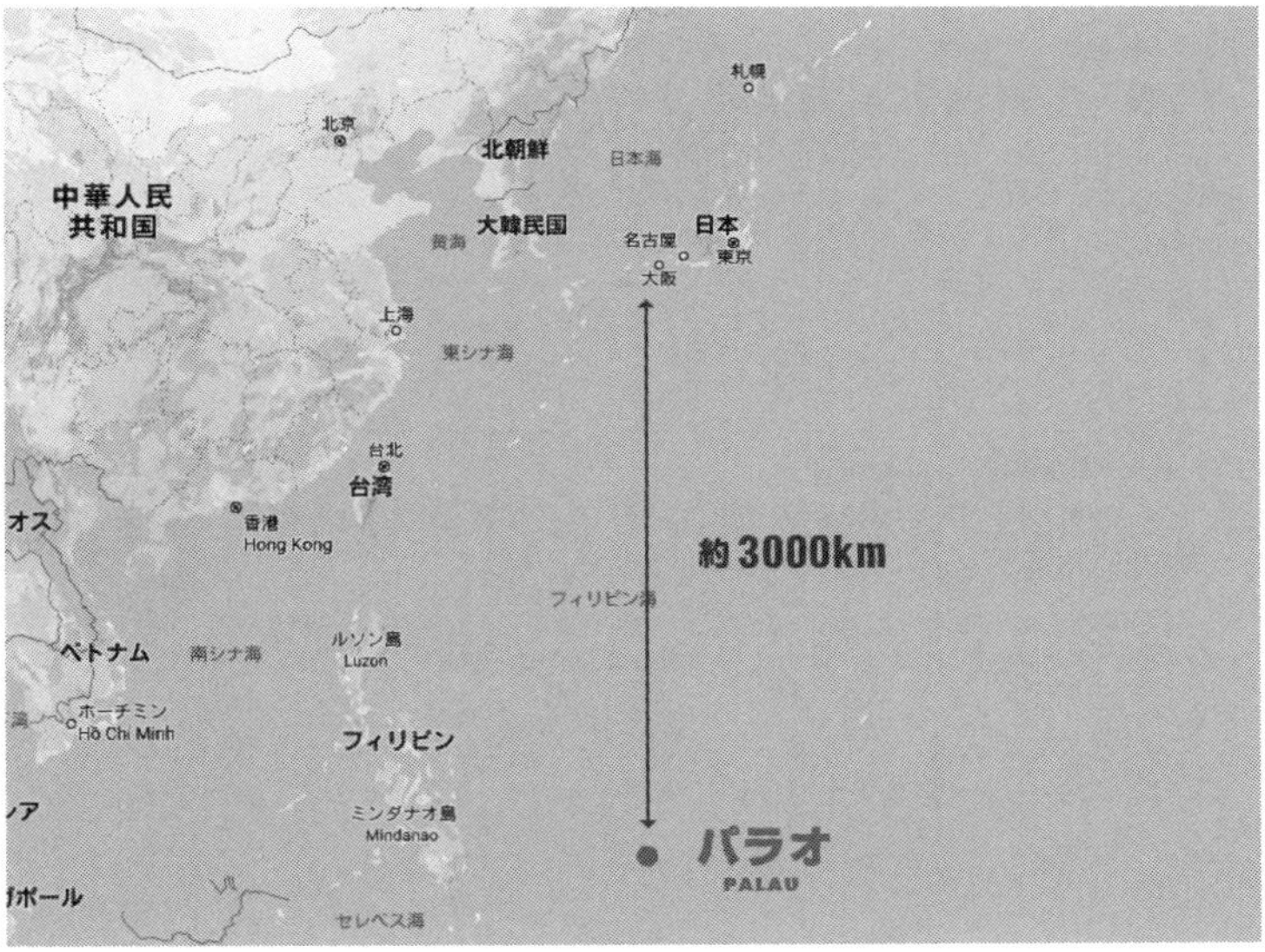

パラオは日本、台湾の絶対防衛線であった

ってイギリス（日本）より独立をしたが、その後イギリス（日本）はアメリカ（GHQ）を国際政治から追放したために、パラオは再びイギリス・フリーメイソン（日本政府）の支配下に入れられたのだ。このパラオが日本政府（イギリス・フリーメイソン）によって懐柔され出した1970年代に、中華民国の蒋介石が暗殺され、イギリス・フリーメイソンの李登輝が台湾で台頭し、そしてパラオ国旗が日本風とされたのも、正に台湾本土での政治がパラオで反映されていたからだ。そのため、パラオは台湾と同じく非常に親日国家となっており、外交ではイギリス・

日本経済新聞

天皇陛下「パラオ訪問、感慨深い」 晩さん会で

【パラオ=朝倉侑平】天皇、皇后両陛下は8日午後、チャーター機でパラオ国際空港に到着された。戦後70年に当たり、戦没者の慰霊などが目的。

2015/04/08

2015年パラオを訪れる天皇の真の目的は？

Ministry of Foreign Affairs of Japan

米国連邦議会上下両院合同会議における安倍総理大臣演説「希望の同盟へ」｜外務省

はじめに. 議長、副大統領、上院議員、下院議員の皆様、ゲストと、すべての皆様、1957年6月、日本の総理大臣としてこの演台に立った私の祖父、岸信介...

2015/04/30

2015年ユダヤの極悪なる世界征服に貢献するためにアメリカを訪れた安倍晋三

フリーメイソン側に歩調を合わせ台湾とは国交があるが、中国とは国交がないという訳なのだ。そして、パラオでは米軍の核兵器が持ち込み禁止となっている。アメリカ・フリーメイソン側の米軍（北軍）による日本政府転覆の長崎原爆の二の舞いを警戒して、日本政府の差し金によりパラオには米軍による核兵器の持ち込みができないこととなっているのだ。

註　日本人は日本国旗や日本国歌に対して愛着を抱いているのかも知れないが、この日本国旗や日本国歌も全てイギリス・フリーメイソン（ヤクザ）を象徴するものであり、日本を象徴する国旗や国歌としては全く相応しくないのだ。

註　２０１５年、パラオを訪問する天皇。この時期、安倍晋三がアメリカ議会で演説などをしていた。アメリカ・フリーメイソン（中国）から台湾の金塊を略奪目的で、アメリカ・フリーメイソン懐柔と、アメリカ・フリーメイソン（中国）牽制のために天皇と安倍晋三とは、パラオとアメリカを訪れていたのだ。

第十三章

極悪イギリス・フリーメイソンに支配されている日本

世界と日本をコントロールするイギリス・フリーメイソンのMI6と警視庁、公安調査庁

さて、これまでに述べて来たイギリス・フリーメイソンによる世界征服であるが、これらイギリス・フリーメイソンによる大統領の暗殺や拘束、世界中の戦争の画策など、一体誰が考案しているのかというと、それはイギリス・フリーメイソンの中枢であるイギリスの諜報機関のＭＩ６である。

秘密情報部
Secret Intelligence Service
SIS

SECRET INTELLIGENCE SERVICE MI6

ロンドンにあるSISビル（2015年9月12日）

組織の概要	
設立年月日	1909年10月1日（シークレット・サービス・ビューローとして）
種類	諜報・諜報活動
管轄	イギリス政府

世界中の戦争や紛争を企画実行している MI6

一般に諜報機関として有名なのはアメリカのＣＩＡであろう。このＣＩＡとは戦後のアメリカを支配するために、イギリスＭＩ６が１９４７年に当時のイギリス・フリーメイソンのアメリカ大統領であったトルーマンに設立させた組織であり、実際はアメリカ単独の組織ではない。

そして、日本にもこのイギリスＭＩ６

本当は日本の官製テロ組織である公安調査庁

と同様の諜報組織があり、それが警視庁や全国の警察組織であり、公安調査庁であるのだ。日本では１９９５年にオウム真理教による地下鉄サリン事件が発生したが、この地下鉄サリン事件も日本の官製テロ組織である公安調査庁（警視庁）などが企画、実行した事件であった。

既述の通り、明治維新以降の日本はイギリス・フリーメイソン（ＭＩ６）の傘下にあり、その基本教条とはユダヤ以外の他者を侵略する〝ユダヤ教〟を基調としている。

それ故に、ユダヤ教の紋章である〝菊の紋章〟と、天皇、自民党、靖国神社の〝菊の紋章〟とが一致しているのは、日本にかの邪悪な〝ユダヤ教〟が侵入していることを示唆しているのだ。

ユダヤのシンボルは“菊”である

　また、ユダヤ教の原則とは〝他者排除〟にある。オウム真理教の事件では、明治維新期の日本で仏教弾圧の廃仏毀釈が行われたのと同様に、仏教ヨガを掲げるオウム真理教はユダヤ教の敵と認識され、テロ組織として祭り上げられることにより排除されたという訳だったのだ（ユダヤ教は仏教やイスラム教、キリスト教など他の宗教を迫害する）。

　また、オウム真理教はアメリカ・フリーメイソンのロシアに於いては、最近までロシア支部がロシア政府によって庇護されていた。このロシアとはユダヤ教を教条としない、本来はアメリカ・フリーメイソン（キリスト）側の国家であるが故に、日本（ユダヤ）とロシア（非ユダ

イギリス・フリーメイソン（MI６）に忠誠を誓うために作られた警視庁

警視庁のモデルとなったイギリス・フリーメイソン総本部のグランド・ロッジ

ヤ）とではオウム真理教を巡り対応が異なっていたという訳なのだ。
そして、そのイギリス・フリーメイソンの総本部であるロンドンにある〝グランド・ロッジ〟の建物の形と、警視庁の建物の形が同じである。それは、戦後日本はGHQによって占領されたが、1951年にそのGHQの占領を撥ね退け、再びイギリス・フリーメイソンによる日本支配が始まったことから、GHQによって死刑判決を受けていたイギリス・フリーメイソンの岸信介によって、イギリス・フリーメイソンの総本部の〝グランド・ロッジ〟の形と、日本の諜報機関の警視庁との建物の形を同一とすることで、イギリス・フリーメイソンに対して日本政府側は更なる忠誠を誓ったのだ。

註　イギリス・フリーメイソンは特に政敵をテロリストとして祭り上げて始末する方法を好む。これは先程述べた仏教ヨガのオウム真理教でもそうであったし、2001年にアメリカ・ニューヨークで起きた911のテロの実行犯とされたイスラム教軍事組織の〝アルカイダ〟もこの手法でイギリス・フリーメイソンによって始末されたのだ。実際にあの911テロとは、1776年のアメリカ独立以来続いている〝アメリカ・フリーメイソン〟と〝イギリス・フリーメイソン〟による内戦であり、それ故に、911テロではアメリカ・フリーメイソンの本拠地である〝ニューヨーク〟が攻撃され、また反対に戦後イギリス・フリーメイソンが建てたアメリ

実はアメリカ国内の内戦であった911。実行にあたり日本政府が資金を拠出したという

カでのイギリス・フリーメイソンの国軍である〝国防総省（南軍の本部）〟がアメリカ・フリーメイソンからの反撃に遭っていたのだ。そして、今年２０２４年に日本で発見された左翼（非ユダヤ）側組織の東アジア反日武装戦線の桐島聡は、１９７５年頃に企業を爆破したとして長年指名手配を受けていたものの、桐島自身はその犯行を否定していた。それは、日本のテロ組織（イギリス・フリーメイソン）の公安調査庁（警視庁）などが、桐島らの左翼組織を解体するための口実として、一連のテロ行動を行い、桐島らにその罪を擦《なす》り付け、指名手配を行っていたからなのだ。つまり、イギリス・フリーメイソンとは潤沢な資産を利用し、犯罪の自作自演を行い、敵勢力を崩壊させるのだ。

イギリス・フリーメイソン（奴隷貿易）を象徴する／オバマ（イギリス・フリーメイソン）に擢り寄った日本政府

第十二章で私は、２００９年に日本では日本政府（イギリス・フリーメイソン）が崩壊しかねない程の政治的危機が発生したために、当時日本の首相を務めていた麻生太郎は、政敵である韓国（アメリカ・フリーメイソン）の金大中を暗殺したと述べた。

だが、この２００９年よりも前から、日本政府（イギリス・フリーメイソン）の政治的危機は発生しており、日本政府（イギリス・フリーメイソン）側は、その危機から逃れるために、何度も助けを乞うていたのだ。

その日本政府（イギリス・フリーメイソン）の政治的危機を乗り越えるために、日本政府側が厚く信頼を寄せていたのは、２００９年から２０１７年までアメリカ大統領を務めていたバラク・オバマであった。

既述の通り、バラク・オバマとはアメリカに於けるイギリス・フリーメイソン側の人物であり、そのバラク・オバマがアメリカ大統領として選ばれることを日本政府は期待していたのだ。

このバラク・オバマというのは、アフリカ系の黒人大統領であるが、このアメリカに於ける黒人とは〝奴隷貿易〟を政治象徴させるものであり、その〝奴隷貿易〟を行っていたのは、イギリス・フリーメイソンそのものであるのだ（イギリス一派は人身売買を専業とした）。

つまりアメリカやヨーロッパに於いて、黒人とはイギリス・フリーメイソンを政治象徴させる人種なのだ。

バラク・オバマを政治象徴していたビリーズブートキャンプ

オバマが大統領に就く前の２００７年、日本ではビリーズブートキャンプと呼ばれる、黒人退役軍人によるダイエットグッズがバカ売れしていた。このビリーズブートキャンプを日本で売れるように仕向けていたのは、日本の官製テロ組織の警視庁、公安調査庁などであったのだ。

この２００７年の時期、前年の２００６年から、第十一章で述べた金正恩と同じく〝イギリス・フリーメイソン〟と〝アメリカ・フリーメイソン〟の血縁を有す安倍晋三が日本の首相を務めていたのだが、時の対外的なアメリカ・フリーメイソン側による攻勢により、第一次安倍内閣は崩壊した。この時日本政府側は窮地に瀕したのだ。

そのため、日本政府（イギリス・フリーメイソン）側はこの窮地を脱するために、同じイギリス・フリーメイソンのバラク・オバマに対して救援を求めたのだ。この2007年の時期にビリーズブートキャンプが大流行していた。日本政府側が宿敵のアメリカを打倒するためにバラク・オバマに対して救援を求めていたが故に、バラク・オバマを象徴させた黒人退役軍人のビリーズブートキャンプが流行させられていたというわけだったのだ。

そして、2024年現在、日本で北陸新幹線が福井県の〝小浜〟を通るかどうかで問題となっている。この福井県の〝小浜〟とは、バラク・オバマの隠語である。日本政府側はイギリス・フリーメイソンの極悪なる世界征服のために、アメリカ側の後見人としてバラク・オバマに今なお期待を寄せている。その政治的謀略を含ませて、日本政府側はバラク・オバマを隠喩する福井県の〝小浜〟を通る、北陸新幹線を政治的象徴物として建設させているのだ。

オバマを担ぎ上げるために計画された北陸新幹線小浜ルート

アメリカ・フリーメイソンを乗っ取る政治的隠語のために作られたDSとSWITCH

註　任天堂からＤＳやＳＷＩＴＣＨと呼ばれるゲーム機が販売されたのも、実はこれも政治が絡んでいる。この任天堂という会社は江戸時代はヤクザの賭博遊具であった花札を販売することで会社の規模を大きくしていったイギリス・フリーメイソン側の企業である。そして、そのイギリス・フリーメイソンの任天堂からＤＳとＳＷＩＴＣＨとを販売させた。このＤＳとはアメリカ・フリーメイソンのことであり、そして、ＳＷＩＴＣＨとはイギリス・フリーメイソンの宿敵のアメリカ・フリーメイソン（ＤＳ、イルミナティー）から世界の主権を奪うために、日本政府側が任天堂のゲーム機に〝切り替え〟を意味するＳＷＩＴＣＨを作らせたのだ。なお、この任天堂の本社のある京都市の南側とは江戸時代は幕府軍と新政府軍とが戦った〝鳥羽・伏見の戦い〟が起きた地であり、イギリス・フリーメイソン（ヤクザ＝新政府）側の土地であるのだ。そして明治維新の頃、新政府の樹立に奔走したアメリカ・フリーメイソン側の土佐藩（四国・高知県）の坂本龍馬も、

レトロな風景を訪ねて
https://retro.useless-landscape.com › 近畿 › 京都府 ⋮
消え行く遊里の残痕 京都「中書島」遊郭跡
遊郭跡へは駅から北へ伸びる商店街を進む。昭和5年発行の『全国遊廓案内』によれば、貸座数84軒、娼妓約400人となっているのでかなりの規模だったことが窺える。

朝日新聞デジタル
https://www.asahi.com › and › article ⋮
京都・伏見の名水に育まれた酒蔵と、旧遊郭の面影残す洋館…

2021/07/09 — 伏見の酒を船に乗せて大坂へ送り出した河港・**中書島**（ちゅうしょじま）には「新地湯」という銭湯があり、名水を熱く沸かした風呂とかけ流しの水風呂を堪能 ...

京都の南側一帯はヤクザ（ユダヤ）の聖地であった

京都島原遊郭近くで日本政府によって暗殺された坂本龍馬

この京都の南部の中書島《ちゅうしょじま》（かつての遊郭街）で暗殺されそうになっていたのも、新政府（イギリス・フリーメイソン）と坂本龍馬（アメリカ・フリーメイソン）との政治性の違いから生じていたのだ（結局、坂本龍馬は京都市内の島原遊郭の近くで新政府側によって暗殺されている）。

安倍晋三の正体はグラバー・李王朝・鍋島家!?

さて、第十一章で述べたように、イギリス・フリーメイソンというのは、現在の偽物バイデンや偽物ゼレンスキーのように、アメリカ・フリーメイソン(原住民)側の本物の大統領などを暗殺する等して、イギリス・フリーメイソンが用意した〝偽物〟に置き換えることで狙いを定めた重要国を支配下に入れると述べた。

このイギリス・フリーメイソンが本物の政治家を、偽物に置き換えることは、実は日本でも行われており、現在の日本の天皇は、正統な天皇の血筋ではないのだ。

これも第一章で述べたが、日本は明治維新の時に、イギリス・フリーメイソンが被差別部落である山口県田布施町の在日北朝鮮人の一味に、日本乗っ取りの明治維新を実行させたが故に、この時に実は正統な天皇の血筋に山口県田布施町の在日北朝鮮人の偽りの血縁が入り、2024年現在の天皇に至っているのだ。

そして、安倍晋三であるが、彼の血筋も正統な日本人の血筋ではなく、朝鮮・李王朝を背乗りした血筋が安倍晋三であるのだ。明治維新が引き起こされた頃、イギリス・フリーメイソンの日本政府側は、宿敵であるアメリカ・フリーメイソンの李氏朝鮮を打倒しようと考えていた。しかし、ただ打倒するだけでは、アメリカ・フリーメイソン側からの反撃も考えられるために、イギリス・フリーメイソンは李王朝の血縁を日本（ユダヤ）側へ乗っ取ったのだ。

先ず、イギリス・フリーメイソン側は、イギリス・フリーメイソンの本拠地である長崎

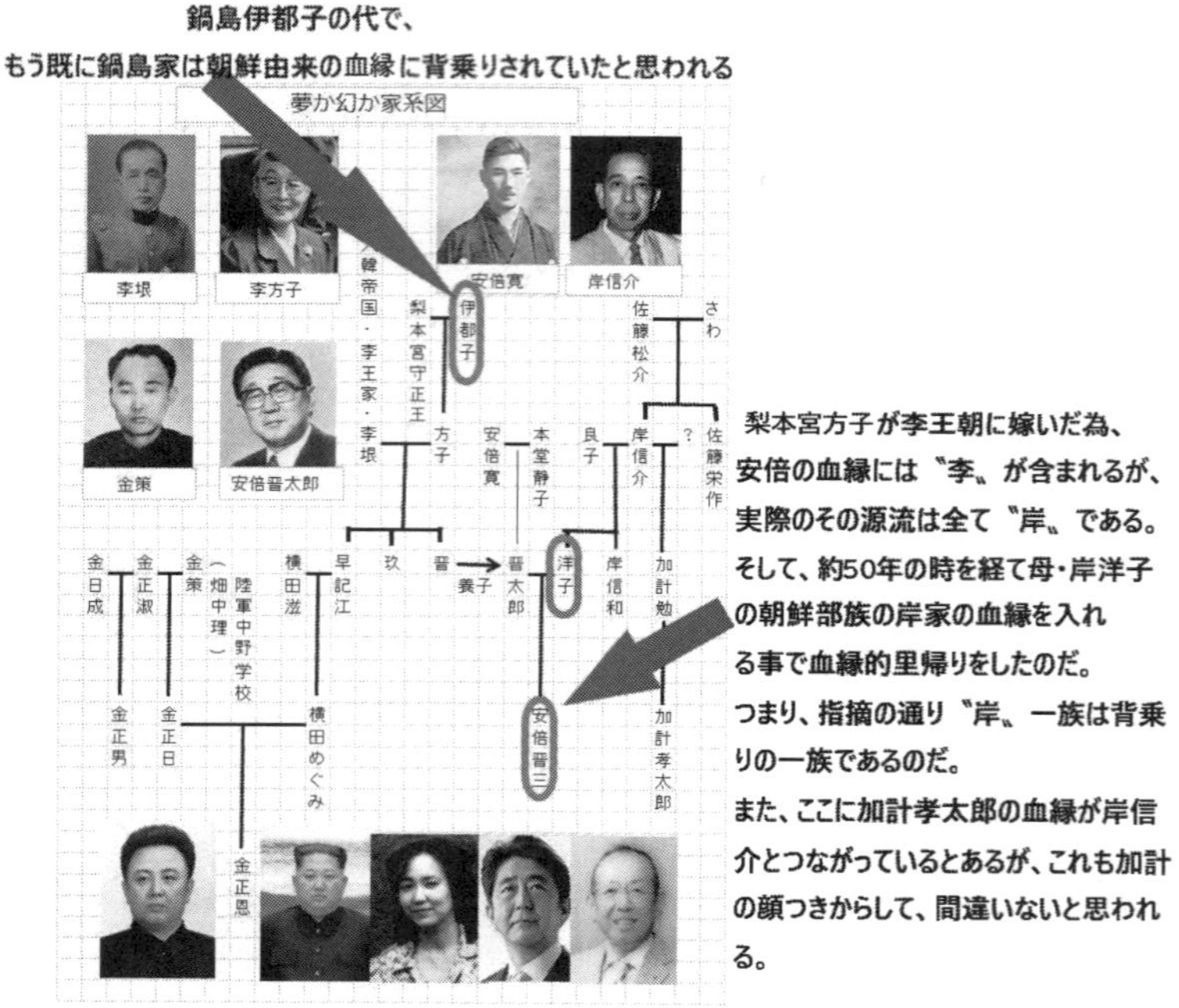
鍋島伊都子の代で、
もう既に鍋島家は朝鮮由来の血縁に背乗りされていたと思われる
夢か幻か家系図
李垠
李方子
安倍寛
岸信介
金策
安倍晋太郎
韓帝国・李王家・李垠
梨本宮守正王
伊都子
方子
佐藤松介
さわ
安倍寛
本堂静子
良子
岸信介
?
佐藤栄作
金日成
金正淑
金策
（畑中理）
陸軍中野学校
横田滋
早紀江
玖
晋
養子
晋太郎
洋子
岸信和
加計勉
金正男
金正日
横田めぐみ
安倍晋三
加計孝太郎
金正恩
梨本宮方子が李王朝に嫁いだ為、
安倍の血縁には〝李〟が含まれるが、
実際のその源流は全て〝岸〟である。
そして、約50年の時を経て母・岸洋子
の朝鮮部族の岸家の血縁を入れ
る事で血縁的里帰りをしたのだ。
つまり、指摘の通り〝岸〟一族は背乗
りの一族であるのだ。
また、ここに加計孝太郎の血縁が岸信
介とつながっているとあるが、これも加計
の顔つきからして、間違いないと思われ
る。
朝鮮李王朝を経て約50年ぶりに岸家に血縁的里帰りを果たした安倍晋三

で、明治維新を引き起こしたイギリス人武器商人のトーマス・グラバーの血を岸信介の一族に入れ、イギリス人と在日北朝鮮人との混血を作ったのだ。

　そして、そのトーマス・グラバーの血縁が入った岸信介の一族に、今度は長年敵対関係にあった長崎の隣町の、江戸幕府側の佐賀県の鍋島家を乗っ取り、その鍋島家の娘を李王朝へ嫁がせて、結婚させ李王朝の血筋を、岸信介らの穢れたイギリス・フリーメイソン（ユダヤ）の血筋とこれ

李王朝を政治象徴させる慶尚南道・晋州

また混ぜたのだ。

そうして、李王朝と、イギリス・フリーメイソンの岸信介の一族の血縁に染色された鍋島家との間に子供を作り、その交配によってできた子孫が安倍晋三の父・安倍晋太郎であり、安倍晋三であるのだ。

安倍晋三とその父・安倍晋太郎に〝晋〟の文字があるのは、これは李王朝側の土地である韓国・慶尚南道〝晋州〟を表しており、この〝晋〟の文字とは彼らが李王朝の子孫であるということを指し示しているのだ（晋三とは李王朝乗っ取りから〝三代目〟という意味である）。

それ故に、安倍晋三も金正恩同様に、アメリカ・フリーメイソンとしての側面と、イギリス・フリーメイソンとしての側面とが存在しているということなのだ。

安倍晋三が暗殺された真相

2022年7月8日に安倍晋三は暗殺されたわけだが、実はイギリス・フリーメイソンや政治の世界では安倍が死亡することは噂されていた。

この安倍が暗殺された頃、イギリス政界では、当時の首相であったボリス・ジョンソンが急遽辞職に追い込まれる事態となっていた。これはボリス・ジョンソン（ＭＩ６）がアメリカ・フリーメイソンを打倒するために2020年からコロナを用いた世界の閉鎖などを行った。その結果安倍晋三が近い将来死亡することが判明したが故に、イギリス国内では急遽ボリス・ジョンソン降ろしが引き起こされていたのだ。

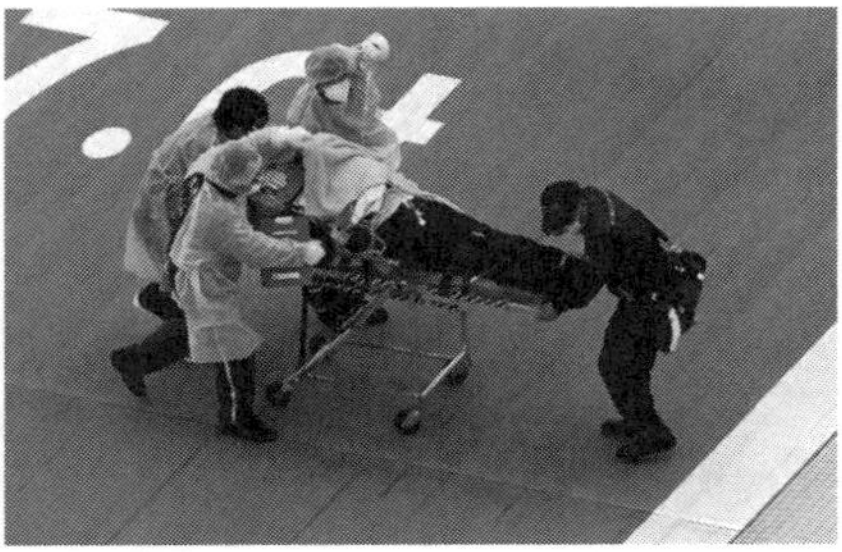

政治的ブーメラン効果により死亡した安倍晋三

BBC

【解説】 なぜ英与党はジョンソン首相に辞任を迫っているのか

6日夜までに閣僚3人と閣外相16人、政務秘書官21人が辞任し、閣僚1人が解任されるという大波乱のなか、イギリスの与党・保守党では多くの下院議員も...

2022/07/07

安倍晋三が暗殺される前日に突如辞任を発表したボリス・ジョンソン

Harper's BAZAAR

なぜ？リズ・トラス英首相、史上最短の45日で辞任を表明

イギリスのリズ・トラス首相が、就任からわずか45日で辞任するというニュースが、世界を驚かせている。数日前から噂されていたこの劇的な展開は、...

2022/10/20

アメリカ・フリーメイソン基調に走り辞任させせられたリズ・トラス

安倍晋三が２０２０年８月に首相を退任すると発表した時、実はこの時までに安倍晋三は、韓国の同じくイギリス・フリーメイソン（高句麗＝北朝鮮）の文在寅と、日本が有している朝鮮の利権（金塊）を巡る係争に敗北しており、それが理由で安倍晋三は首相を辞すこととなったのだ（同じ時期に台湾の李登輝が死亡したのも、アメリカ（中国）との係争に敗れたため）。

そして、安倍晋三が首相を辞した理由には、実はもう一つある。安倍は退任するまでに、宿敵であるアメリカ・フリーメイソン（中国、ロシア）を打倒するために、政治的仕掛けを作ったうえで早期に首相を辞めていたのだ。

その仕掛けとは、第十二章で述べたイギリス・フリーメイソン側が鄧小平時代の中国と交わした官製人身売買の〝パンダ外交〟によって、日本に移民させられている毛沢東派の要人に対する政治的危機を作ることにより、安倍の宿敵のアメリカ・フリーメイソンを打倒しようと仕組んだのだ。

しかし、この安倍の目論見は外れることとなり、日本に移民させられている毛沢東派の要人は安倍が作った政治的危機を回避し、その結果安倍晋三はこの自身が作った政治的罠の〝ブーメラン効果〟により、死亡することとなったのだ。

このように、政治の世界では暗殺などの工作を行うと、必ずその反動を喰らうために、第十二章で述べた2009年に麻生太郎が金大中を暗殺した時のように、暗殺などは成功させるか、あるいは早期に首相の座を降りるなどしないと必ずその報復が待ち受けているのだ。

註　安倍晋三の逝去後に、イギリスのボリス・ジョンソンも首相の座を辞し、次にイギリスではリズ・トラスが首相に就いたが、このリズ・トラスは45日後に首相の座を辞すこととなった。リズ・トラスがイギリス・フリーメイソンの政治基調とは異なる〝減税〟を政策としたために、イギリス・フリーメイソンの反感を買い首相の座を追われたのだ。庶民を迫害する増税は極悪イギリス・フリーメイソンの政策であり、一方で庶民に優遇をもたらす減税などはアメリカ・フリーメイソン側の政策なのだ。

安倍晋三の桜を見る会の〝桜〟とは、１９１２年にアメリカに渡った賄賂のこと

第五章で述べたように、明治維新が引き起こされた後、イギリス・フリーメイソン（日本政府）はアメリカ・フリーメイソン（中国、ロシア、朝鮮）からの攻撃により、初代首相であった山口県田布施町の在日北朝鮮人の被差別部落出身の伊藤博文は安重根によって暗殺された。１９１１年には辛亥革命で中国の土地をアメリカ・フリーメイソンの中華民国に奪われ、更には日本の主権もイギリス・フリーメイソンを象徴する〝明治〟からアメリカ・フリーメイソンを象徴する〝大正〟へと変わるなどして、明治維新で日本を侵略したイギリス・フリーメイソン（日本政府）側は、明治末期窮地に立っていた。

そこで、イギリス・フリーメイソン側はこれ以上窮地に陥らないようにと、アメリカ・フリーメイソンに対して〝賄賂〟を贈ることにしたのだ。

第十章でも述べたが、イギリス・フリーメイソンの特技として、敵勢力を抱き込む〝大金のばら撒き〟がある。

今日、世界の多くの国々で日本支持が広がっている。終戦直後から日本政府（イギリ

アメリカと日本を結ぶ桜

ポストする　シェアする

1912年、日本からワシントンD.C.に桜が贈られた。これがアメリカ合衆国で桜への愛着が広まるきっかけとなった。約110年を経た今日、ポトマック河畔とその原産地には桜が咲き誇り、人々を楽しませている。

日本政府崩壊を免れるためにアメリカに贈られた金塊の隠語である“桜”

ス・フリーメイソン）が展開した、「サンフランシスコ平和条約」やＯＤＡなどを通した〝大金のばら撒き（大量の賄賂）〟の結果、日本支持が広がっているのだ（毛沢東逝去後の中国で日本企業などがこぞって進出し出したのも、中国政治への懐柔のため）。

そして、イギリス・フリーメイソンの明治政府が崩壊しようとしていた頃、イギリス・フリーメイソン側はその日本支配が完全転覆させられることを避けるために、伊藤博文の暗殺や辛亥革命を引き起こしたアメリカ・フリーメイソンに対して大量の賄賂を贈与した。そのことによって、イギリス・フリーメイソンの日本での地位を引き留めることに成功したのだ。

そのイギリス・フリーメイソン（日本政府）がアメリカ・フリーメイソン側に贈与した大量の賄賂とは、イギリス・フリーメイソンが世界中から欲する〝金塊〟であった。

アメリカ・フリーメイソンの大正政府が樹立された１９１２年、日本から大量の桜の苗木がアメリカの首都ワシントンへ寄贈された。日本政府側がアメリカ・フリーメイソン側に与えた〝大量の金塊〟の隠語として桜の苗木はアメリカへ贈られていたのだ。
そして、戦後日本で桜を見る会が、アメリカ・フリーメイソンのGHQを追い出した翌年の1952年から2019年まで続いていたのも、このアメリカへ渡った大量の金塊を隠喩させていたのだ。アメリカへ恩を売ったことを象徴して、この桜を見る会は2019年まで毎年開かれていたというわけだったのだ。

註　私はこのアメリカへ渡った金塊とは兵庫県宝塚市にあった金ではないかと分析をしている。そして、この金塊の贈与後の1913年にアメリカ・フリーメイソンを象徴する〝ジェンダーレス〟な宝塚歌劇団が、イギリス・フリーメイソンの鉄道会社の阪急電鉄内に設置されている（次々項でも宝塚歌劇団に関しては述べる）。

大阪維新の会も、大阪都も全てイギリス・フリーメイソンの日本侵略組織

2008年より、大阪では橋下徹が大阪府知事に当選したことにより〝大阪維新の会〟が作られ、〝大阪都〟が言われるようになったが、これもまたイギリス・フリーメイソンによる日本と大阪侵略のための謀略であるのだ。

大阪（日本）乗っ取りのために作られた大阪維新の会

先ず、初めに橋下徹のバックグラウンドをウィキペディアなどのソースから見てみると、橋下の父親はヤクザであり、橋下自身の一族も同和（在日朝鮮人）と関係があると確認できる。橋下徹は日本の侵略者であるユダヤ人（イギリス・フリーメイソン）であるということが分かる。そして、この橋下徹と一緒にタッグを組み、大阪で政治を行っていた松井一郎も、彼の実家は大阪府の八尾市にある同和地区（被差別部落）であることから、橋下徹も松井一郎も同じ穴のムジナの仲であるということが分かる（実際に橋下徹は幼少期に、大阪府八尾市にある松井一郎の実家の近くに住んでおり、両者は両親などを通して親交があったと思われる。橋下徹は八尾市を離れた後も、新大阪駅近くの大阪市東淀川区の同和地区（被差別部落）の府営住宅で高校までを過ごしている。※橋下の

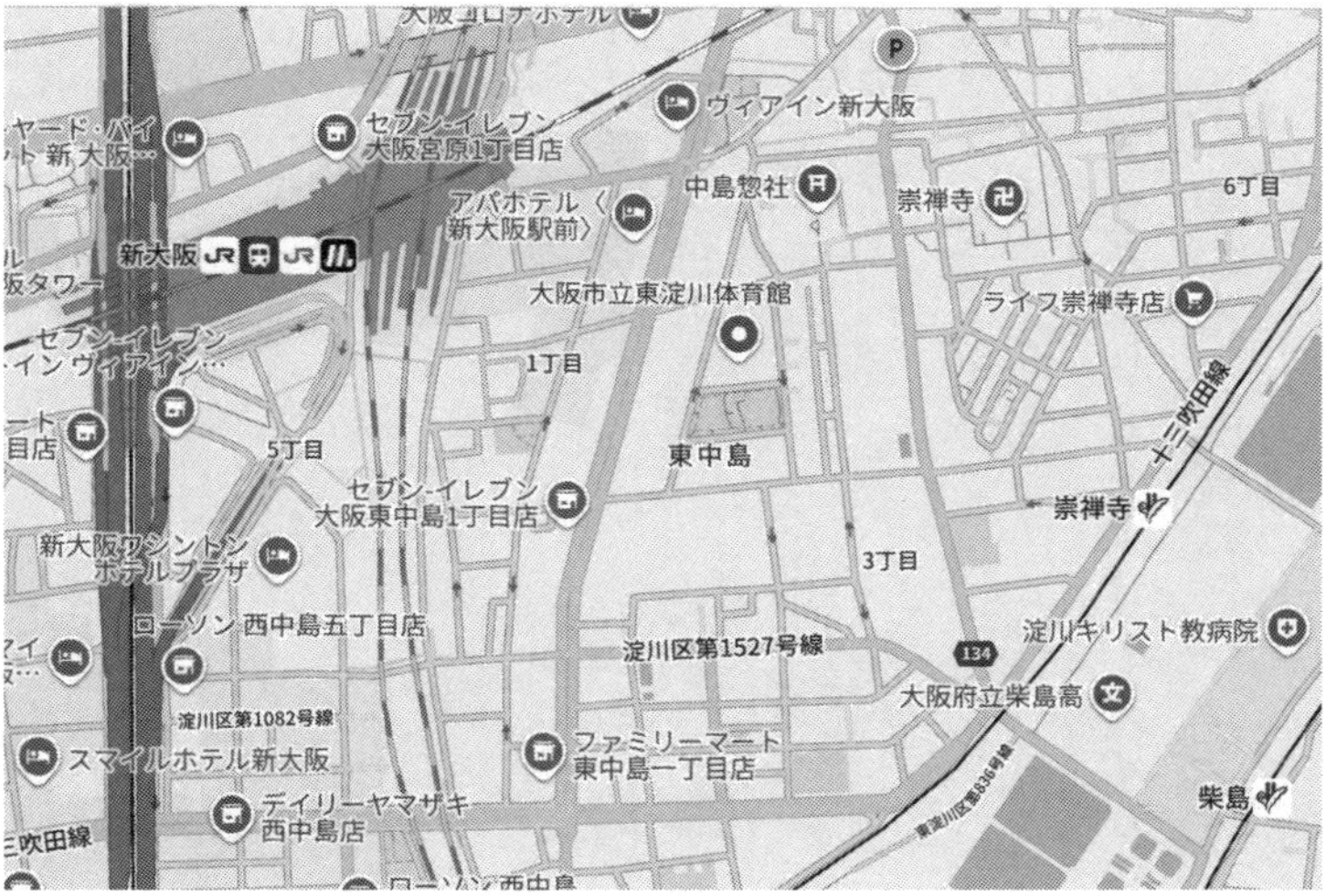

新大阪駅一帯に広大に広がる同和地区

親族は今も八尾に住んでいるとの情報がある)。

つまり、橋下徹、松井一郎の正体は、明治維新で日本の重鎮となった山口県田布施町の被差別部落（同和地区）出身の北朝鮮に血縁を有す、岸信介や安倍晋三らと変わらない〝イギリス・フリーメイソン〟であるのだ。

そして、イギリス・フリーメイソンは第四章で述べたように「異邦人（ユダヤ人）による一国支配の原則」に従って、被差別部落に血縁を有す、橋下徹や松井一郎を使って、大阪乗っ取りの政変を引き起こそうとして〝大阪（日本）維新の会〟や〝大阪都〟を作ろうとしていたのだ。

これまで〝広島〟や〝長崎〟を例に地政学を述べて来たが、実は大阪にも地政学が存在している。それは、この大阪が実はアメリカ・フリーメイソン側の土地であるということだ（明治維新後に首都となった東京はイギリス・フリーメイソン側の土地）。

それ故に、イギリス・フリーメイソンは、そのアメリカ・フリーメイソン側の土地である大阪を乗っ取るために、同じイギリス・フリーメイソンの橋下徹や松井一郎を起用して、大阪乗っ取りの謀略を立てているのだ。

では、なぜ日本でのイギリス・フリーメイソンの代表政党である自民党が大阪を乗っ取る政治を仕掛けないのかというと、終戦時にイギリス・フリーメイソン（日本政府）は、GHQ側とアメリカ・フリーメイソン側の土地である大阪を政治的に侵略しない約束を結んでおり、それが故に自民党を使った大阪侵略ができないということになっているのだ。そのため、イギリス・フリーメイソンは自民党に代わり、自民党と同じような傀儡政党を大阪に作ることで、自民党に代わって〝大阪維新の会〟に大阪を乗っ取らせようとしているというわけなのだ。

ロシア（アメリカ・フリーメイソン）側の土地である大阪／大阪府豊中市の〝曽根〟は〝庄屋（ヤクザ）〟を意味する

先述したように、大阪というのはアメリカ・フリーメイソン側の土地であり、それ故にイギリス・フリーメイソンは橋下徹などを起用して大阪乗っ取りの〝大阪都〟構想などを仕掛けて来た。

そして、そのイギリス・フリーメイソンが目の敵とする、大阪の主とは〝ロシア〟であるのだ。大阪というのは、地下鉄などを見てみると、大阪市営地下鉄の御堂筋線では心斎橋駅などに〝ドーム状〟の駅舎が見られる。この〝ドーム状〟の地下鉄駅舎とはロシアや北朝鮮などの地下鉄駅と同じく、アメリカ・フリーメイソン側を政治象徴させるものであるのだ。また、阪急梅田駅の旧駅舎にも、この〝ドーム状〟のコンコースが採用されていたのは、戦前の政治によりアメリカ・フリーメイソン側を意識して作られていたからだ。だが、橋下徹が政界へ進出し出した2012年頃に、イギリス・フリーメイソン（日本政府）による大阪（アメリカ・フリーメイソン）乗っ取りのために、この阪急梅田駅構内の〝ドーム状〟コンコースは改修され、現在は〝ドーム状〟の構造は見れなくなっている。

そして、その梅田の一等地に〝曽根崎〟という土地が存在している。その〝曽根崎〟は、大阪府豊中市にある〝曽根〟が由来であると私は分析をする。この大阪府豊中市の〝曽根〟とは、江戸時代にはヤクザの頭の隠語である〝庄屋〟があった場所であり、明治維新後、この豊中の〝庄屋（ヤクザ）〟が大阪を仕切ったのだと分析をしている。

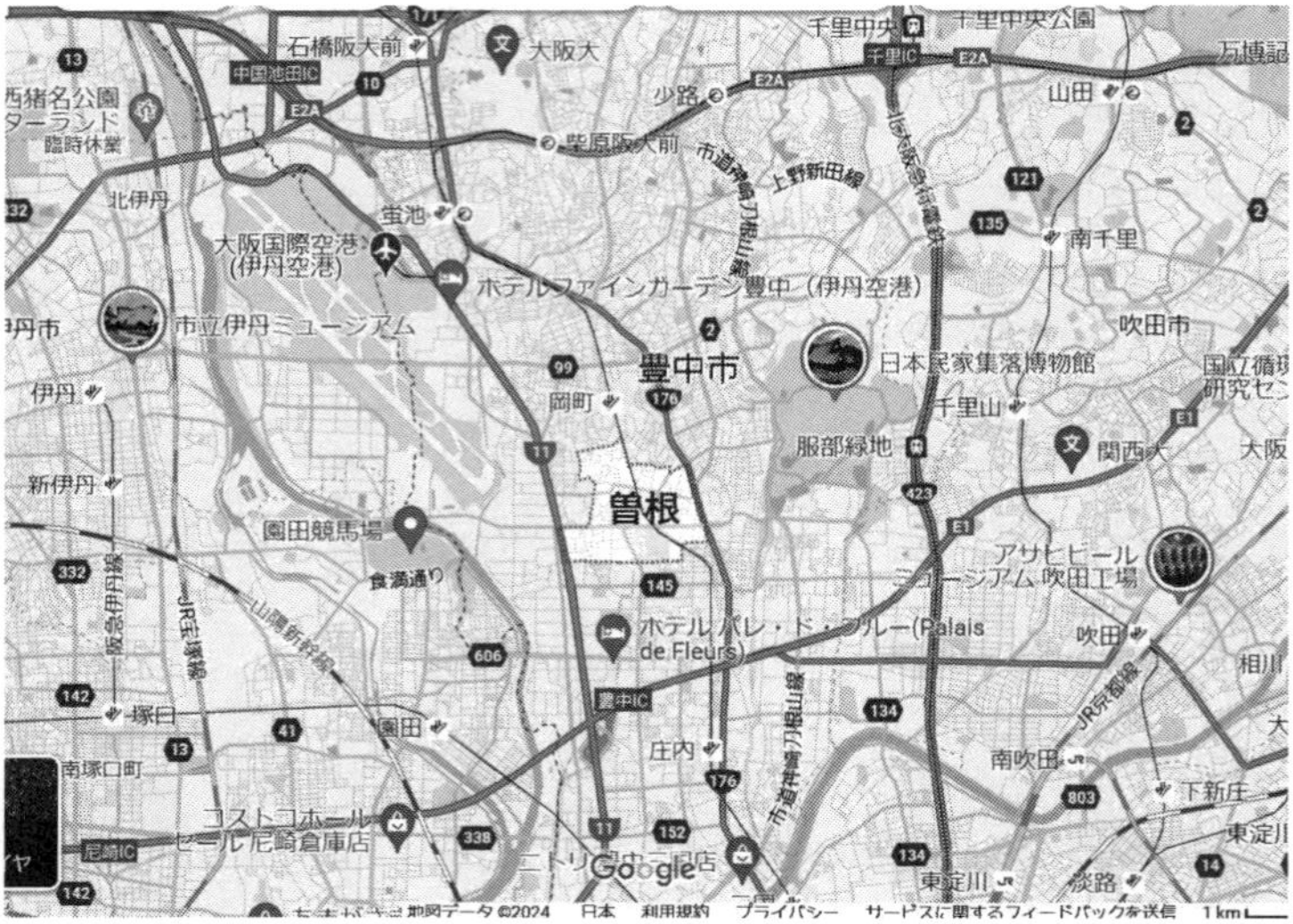

明治維新以降大阪を仕切った庄屋（ヤクザ）の拠点であった豊中市曽根の地図

また、この豊中の庄屋（ヤクザ）があった〝曽根〟の出先の場所として、大阪市内の梅田の一等地に〝曽根崎（先）〟が置かれたのだろうとも見ている。その根拠に、この梅田一帯を仕切る〝曽根崎警察署〟の存在がある。

先ほども述べたが、日本の警察（諜報機関）とはイギリス・フリーメイソンの傘下組織である。そのイギリス・フリーメイソン（ヤクザ）の組織の警察の名に、ヤクザ（庄屋）を隠喩する〝曽根〟の文字が入れられているということは、大阪を仕切っている警察が〝庄屋（ヤクザ）〟から派生したものであるということを暗に示唆しているのだと私は考える。

また、実際に日本の首相には、麻生太

アメリカ・フリーメイソンを象徴する
ドーム状駅舎の心斎橋駅

豊中市曽根（庄屋＝ヤクザ）
の出先である事を隠喩して
いる曽根崎（先）警察署

阪急梅田駅にあったドーム状のコンコース

現在の阪急梅田駅のコンコース

X · sasamuland
1 週間前

麻生太郎の家は庄屋から炭鉱主になったので貴族じゃないし

麻生太郎の家は**庄屋**から炭鉱主になったので貴族じゃないし、大抵の貴族は江戸時代とかクッソ貧乏なので「ええカッコ＝金持ち＝貴族」はあんまり ...

エンタメファミリー
https://entamefamily.com › moriyoshiro-familytree

森喜朗の家系図や家族構成は？後継者だった息子・森祐喜 ...

2024/05/26 — 森家は、江戸時代、加賀藩の石川県能美郡根上村（のち根上町、現在の能美市）で**庄屋**を務めた旧家でした。 祖父・父の時代から根上村の村長・町長を務め、 ...

庄屋（ヤクザ）から首相になった麻生太郎と森喜朗

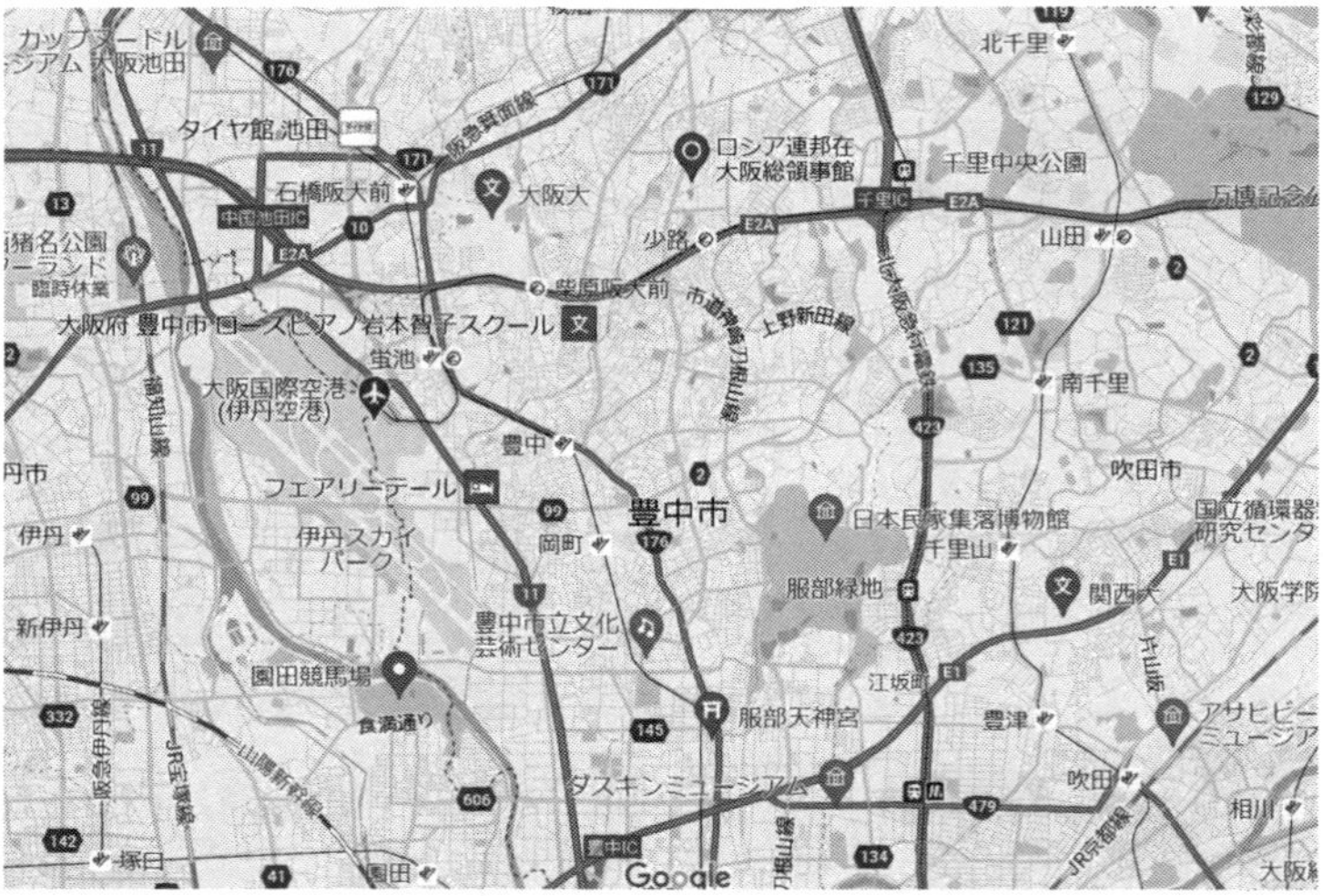

日本政府（ヤクザ）牽制のために豊中市曽根近くに置かれている大阪ロシア領事館

郎や森喜朗など〝庄屋（ヤクザ）〟出身の者が数多く存在している（中曽根康弘が首相に選ばれたのも、その名にヤクザ（庄屋）を意味する〝曽根〟が入っているからだと分析をする）。

註　大阪府豊中市の曽根を通る阪急電鉄はイギリス・フリーメイソン側の鉄道である。この阪急電鉄グループ内にはジェンダーレスな歌劇団である宝塚歌劇団が置かれている。この宝塚歌劇団を設置したのも、戦前のイギリス・フリーメイソン（日本政府）とアメリカ・フリーメイソンとの対立を考えて、アメリカ・フリーメイソン側の土地である大阪で係争が生じないようにと、アメリカ・フリーメイソンの本拠地のニューヨークのブロードウェイを連想させるミュージカルの宝塚歌劇団を設置したのだ。因みに、ＬＧＢＴなどのジェンダーレスを標語としているのはアメリカ・フリーメイソンである。

註　その大阪のイギリス・フリーメイソンを指し示す豊中市の曽根近くにロシア領事館が置かれているのも、イギリス・フリーメイソン（日本政府）を牽制してのことである。

註　私は日本の居酒屋も庄屋（ヤクザ）が関連するシンボルではないかと分析をしている。庄屋（ヤクザ）は酒造業を営んでおり、飲食業である居酒屋とは密接な関係があると見ている。灘、伏見などの酒蔵はその代表例である。

大阪維新の会同様に大阪を乗っ取るために作られたUSJ

イギリス・フリーメイソンの世界征服のシンボルであるＵＳＪ

大阪にはユニバーサル・スタジオ・ジャパン（ＵＳＪ）と呼ばれるテーマパークが存在しているが、

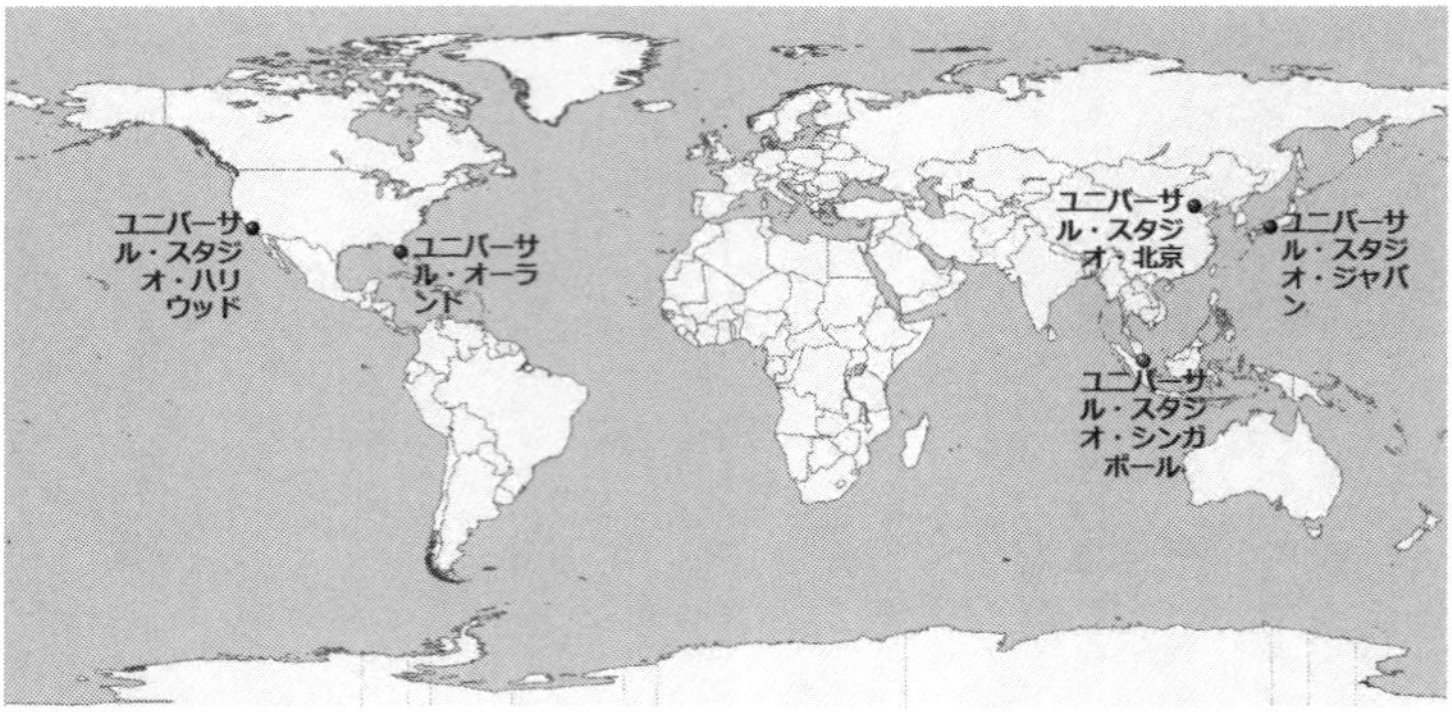

ユダヤの世界征服の布石として世界中に作られたUSJと同じような施設一覧

このＵＳＪというのも、その正体はイギリス・フリーメイソン側の組織なのだ。

　このＵＳＪの親会社であるユニバーサル・デスティネーションズ＆エクスペリエンシズ（ＵＤＥ）という会社の本社は、アメリカのイギリス・フリーメイソン側の土地であるフロリダ州にあるのだ（フロリダ州にはトランプも住んでいる）。

　そして、このＵＳＪの親会社ＵＤＥは、ＵＳＪと同じようなテーマパークを世界に５つ展開している。その５つ共にイギリス・フリーメイソン側の土地であるか、あるいはイギリス・フリーメイソンが侵略を試みようとする土地にＵＤＥはＵＳＪと同じような施設を構えているのだ（５つの施設の内、フロリダ、ハリウッド、シンガポールはイギリス・フリーメイソン側の土地。そして、大阪、北京はアメリカ・フリーメイソン側の土地である）。

埼玉の高句麗人（北朝鮮人）である渋沢栄一

大阪万博の円形のシンボルもユダヤを政治象徴している

このように、イギリス・フリーメイソンは遊園地などの商業施設も用いて、侵略工作を行っているのだ。

註　2025年に行われる大阪万博もイギリス・フリーメイソンの政治儀式である。大阪万博のシンボルである円形のモニュメントはイギリス・フリーメイソンを指し示している。

2024年7月に渋沢栄一の新紙幣が登場したのもイギリス・フリーメイソンによる日本侵略の一環

日本では2024年7月に新紙幣が発行されたが、この新紙幣もイギリス・フリーメイソンによる日本侵略の一環で登場したのだ。

先ず、新一万円札の顔である渋沢栄一であるが、彼は埼玉県深谷市血洗島《ちあらいじま》出身の、これも山口県田布施町の連中

Wikipedia
https://ja.wikipedia.org › wiki › 高麗氏

高麗氏

668年の王族を含む多数の**高句麗**人が日本に**亡命**している。また、それ以前から**高句麗**から日本列島に移住し定着した人々も存在した。彼らの一部が「高麗」の氏姓を称した ...

高麗１３００
https://komagun.jp › komagun

つなごう高麗郡1400年へ

霊亀2年（716年）5月16日に現在の**埼玉**県日高市と飯能市を中心に設置された郡です ... 日本では**高句麗**を「高麗」と記し「こま」と称しました。**高句麗**滅亡前後 ...

高句麗（北朝鮮）からの亡命者を受け入れた埼玉の資料

と同じく在日北朝鮮系（高句麗系）の人物なのだ（埼玉とは西暦７００年頃に高句麗（北朝鮮）からの亡命者が流れ着いた土地であり、この渋沢栄一の出身地に近い埼玉県日高市には高麗《こま》神社が置かれている）。

この渋沢栄一が戦前に朝鮮で朝鮮銀行を設立することができた。渋沢自身に朝鮮（高句麗）の血縁があったが故に、朝鮮半島で大胆にも侵略のために朝鮮銀行を設立することができたのだ（岸信介も朝鮮に血筋があるために、北朝鮮（高句麗）の隣国の満州国で幹部となっていた）。

そして、そのイギリス・フリーメイソンの朝鮮（北朝鮮）に血筋を持つ渋沢栄一が、２０２４年に新紙幣の顔となったのには、イギリス・フリーメイソンによる日本侵略が関与している。

１９９０年代のバブルの頃、日本の税金は今よりも安く、銀行にお金を預ければまとまった利息ももらえ

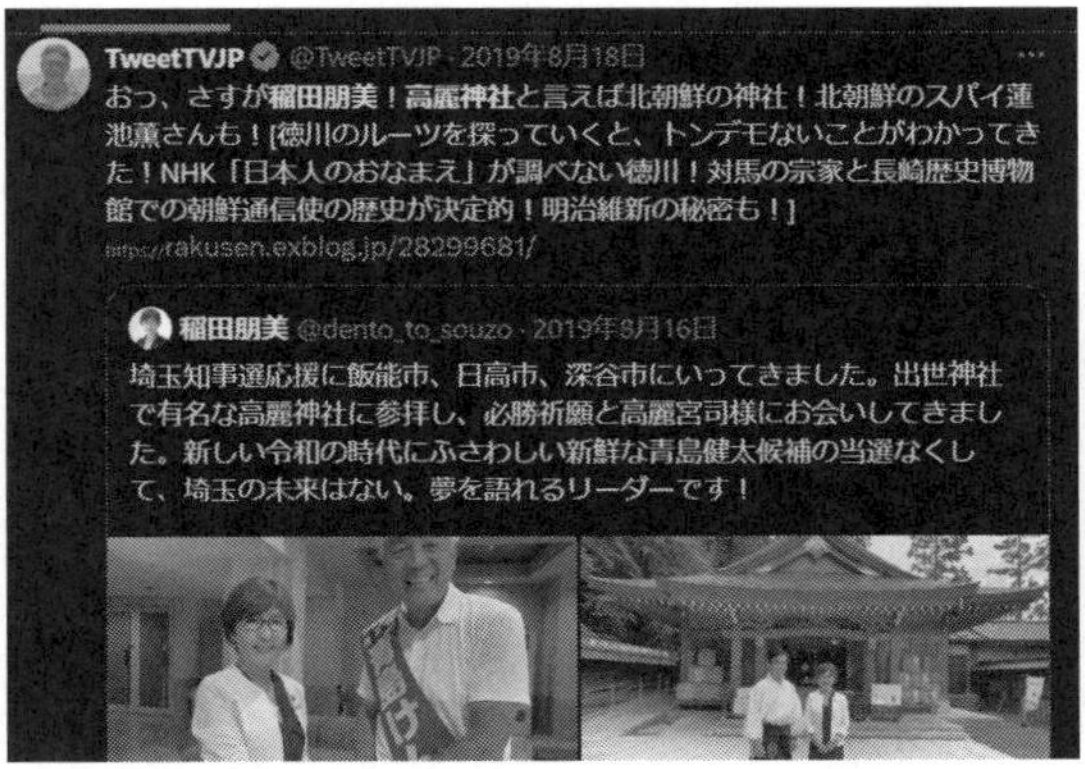

偽物天皇や政治家、検察官、裁判官など日本の著名人が多く訪れる高句麗（北朝鮮）由来の高麗神社

るような裕福な時代であった。それが２０２４年の今、税金は高くなり、人々の暮らしは逼迫し、銀行にお金を預けても利息ももらえない時代となった。これは既述の通り、１９９０年代とはアメリカ・フリーメイソン側の野党政権が樹立されていた時代であり、それが故に、同じくアメリカ・フリーメイソン側の日本人に対しても恩恵が与えられていたのだ。

　しかし、２０２４年の現在は、２０１２年にイギリス・フリーメイソン側の自民党へ政権交代したために、イギリス・フリーメイソンの政治教条である原住民を迫害する〝ユダヤ教〟に従い、日本人（アメリカ・フリーメイソン）は日本政府（イギリス・フリーメイソン）から、高税を課せられるなど搾取を受けることとなっているのだ（イギリス・フリーメイソンは高税を用いた支配を行う)。

そして、イギリス・フリーメイソン(日本政府)が、新紙幣の顔に渋沢栄一を選んだ。イギリス・フリーメイソン側は日本人(非ユダヤ人)から更なる財産を搾取する謀略のために、イギリス・フリーメイソン(在日北朝鮮人)の渋沢栄一を新紙幣に起用したのだ。

昨今、日本政府は大阪などでカジノ(IR)の誘致を行っているのも、地域の振興のためではなく、日本人(非ユダヤ人)からの財産の搾取のために行っているのだ。

それ故に、日本人は決して日本政府のいいなりになってはならず、常に疑いの目を持って日本政府を見なければならないのだ。

註　1990年代から導入されたのが〝消費税〟である。この消費税はベトナム戦争でイギリス・フリーメイソン(日本政府)側が敗北したが故に、イギリス・フリーメイソンの核心的利益である〝香港〟を失い、そこから生じるイギリス・フリーメイソン側に対する経済的補填として設定されたのが〝消費税〟であるのだ。なので、日本政府は香港(イギリス・フリーメイソン)への補填として消費税を導入したことから、消費税を撤回する意向を見せないどころか、今後も増税の可能性が考えられるのだ。故に、イギリス・フリーメイソン(ユダヤ)側は日本人(非ユダヤ)の財産からイギリス・フリーメイソンへの経済的損失の補填を行っていることから、日本人の宿敵は完全に日本政府であり、日本人の味方はその香港をイギリスから奪った中国であるということに気が付かなくてはならないのだ。

在日朝鮮人が支配する国、日本

さて、第一章から述べて来たように、イギリス・フリーメイソンというのは一国を侵略、支配する際に、その国のユダヤ人こと〝侵略者、異邦人（外国人）、被差別身分者、ヤクザ〟を利用している。

今日の日本で、テレビの世界（芸能、歌手など）や、スポーツの世界でも在日朝鮮人（帰化人も含む）が数多く活躍することとなっているのも、全ては１８６０年代の明治維新でユダヤ人による支配を教義とした〝ユダヤ教〟による国家侵略を行う、イギリス・フリーメイソンが日本に侵入している結果であるのだ。

それ故に、このユダヤ人（在日朝鮮人）による統治を教義とする〝ユダヤ教〟のイギリス・フリーメイソンの日本の下では、必然的に日本の顔となるのは〝在日朝鮮人〟であるのだ。

これまで述べて来たように、日本の政治家の多くもこのユダヤ教の教義に従って在日朝鮮人の被差別身分者の家系なのだが、その日本の国体を作る執政機関の警察や、公安調査庁に勤める多くも、在日朝鮮人に血縁を有す者達が大半なのだ。

2023年に週刊文春が報じた、岸田文雄の右腕である木原誠二（イギリス・フリーメイソンの長崎に系譜を持つ）という政治家の妻の木原郁子（旧姓：船本郁子）と、その父親の警視庁公安部の刑事であった船本賢二とが、木原郁子の前夫の安田種雄氏を殺害したとする事件でも、この安田氏を殺害したとされる船本一族とは在日朝鮮人に系譜を持つ一族とされる。その根拠に東京・新大久保にある朝鮮系教会である〝東京中央教会〟へ足繁く通い、洗礼をも受けていたという（東京中央教会では朝鮮語でしかミサを行わないという）。

そして、この安田さん殺害事件は他殺であると言われているにも拘らず、事件は自殺ということで処理されたのだ。

私はこの事件が自殺として処理されたのには、事件に関わった船本一族が在日朝鮮人の一族であったことと、木原郁子の父親の船本賢二が警視庁の公安刑事であったことが関与していると分析している。

実は日本を支配しているユダヤ教にはユダヤ人による犯罪は罰しないという規則が存在しており、私はこの原則に従って日本のユダヤ人である在日朝鮮人の船本一族は犯罪を犯

第四章で述べたようにユダヤ教に支配されている日本では日本の異邦人が日本を支配することとなるのだ。日本の政治家などに在日朝鮮人（帰化人）が多いのもその法則に従っているのだ

#全国警察
#在日朝鮮人 所属数新ランキング!
1位 #警視庁(4万人)
2位 #大阪府警(2)
3位 #神奈川県警(1.5)
4位 愛知県警(1.3)
4位 兵庫県警(1.2)
4位 #福岡県警(1.1)
5位 埼玉県警(1.1)
6位 京都府警(0.7)

警察定員からおおよそを順位化した物。( )内は定員数。4万人居ればその半数は在日では無いかと

【切り抜き】「定例＋ゆるトーク」X子氏と御実家一族が礼拝する韓国系の東京中央教会 23 08 13より② 安田種雄氏がもしクリスチャンなら自...

実は警察内部にも在日朝鮮人の血を汲む者は非常に多く存在している。木原事件でも殺人事件が全く捜査されないのは、同胞の在日朝鮮人（ユダヤ人）の警察官の保身を図るためである

朝日新聞デジタル
https://www.asahi.com › articles

国会議員ら16人を不起訴処分に 自民党派閥の裏金事件 東京 ...

2024/07/08 — 自民党派閥が政治資金パーティー収入の一部を**裏金**化していたとされる事件で、東京地検は8日、告発されていた計16人の国会議員や元議員を**不起訴**処分 ...

Yahoo!ニュース
https://news.yahoo.co.jp › articles

「はぁ?なかったことにするんだ」裏金事件 首相ら42人不起訴 ...

2024/07/09 — 自民党の**裏金**問題で、政治資金規正法違反の疑いで刑事告発されていた議員らのうち、すでに起訴された人を除く42人についても**不起訴**処分となったことが7月8 ...

2024年多くの裏金議員が不起訴となったのもユダヤ人（在日朝鮮人）保護のためである。ユダヤ教ではユダヤ人の犯罪は罪にならないと規定されている

していたにも拘らず、ユダヤ人保護（在日保護）の観点から事件性なしとされたのだと分析をしている。

同じように、２０２４年、イギリス・フリーメイソンの政党である自民党は派閥の裏金問題で大きく揺れたが、これら裏金を行った議員の多くが不起訴処分となったのも、在日同胞（ユダヤ人）保護のシステム（ユダヤ人無罪の法則）が働いたからだと見ている。

このように、イギリス・フリーメイソン（在日朝鮮人＝ユダヤ人）に支配されている日本で、日本人（アメリカ・フリーメイソン＝非ユダヤ人）は政治的に立場が非常に不利なのだ。

日本人は真剣に現行のイギリス・フリーメイソン（在日朝鮮人＝ユダヤ人）が支配する日本（日本政府）からの脱却を考えないとならない。

第十四章

イギリス・フリーメイソンの正体とは地球を侵略する極悪宇宙人〝グレイ〟である

イギリス・フリーメイソンの真の正体とは極悪宇宙人〝グレイ〟

さて、ここまででイギリス・フリーメイソン（ユダヤ）は宿敵であるアメリカ・フリーメイソン（原住民）を打倒するために、様々な戦争や謀略を仕掛け、宿敵のアメリカ・フリーメイソン（原住民）潰しを行って来ていると解説をした。このイギリス・フリーメイソン（ユダヤ）がそこまでしてアメリカ・フリーメイソン（原住民）を粛清したい理由は何なのだろうか？

結論からいうと、イギリス・フリーメイソンの本当の正体が〝地球を征服したい極悪なる宇宙人〟だからだ。

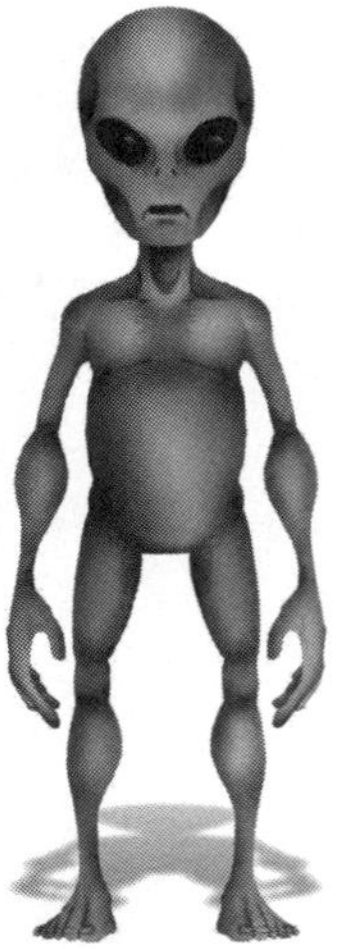

地球を征服するユダヤ教を発明した高知能極悪宇宙人の“グレイ”

実は地球や宇宙空間上には〝地球と宇宙とを征服したい超極悪なる宇宙人〟が存在しているのだ。

その地球と宇宙とを征服したい極悪なる宇宙人とは一般的には〝グレイ〟と呼ばれている。

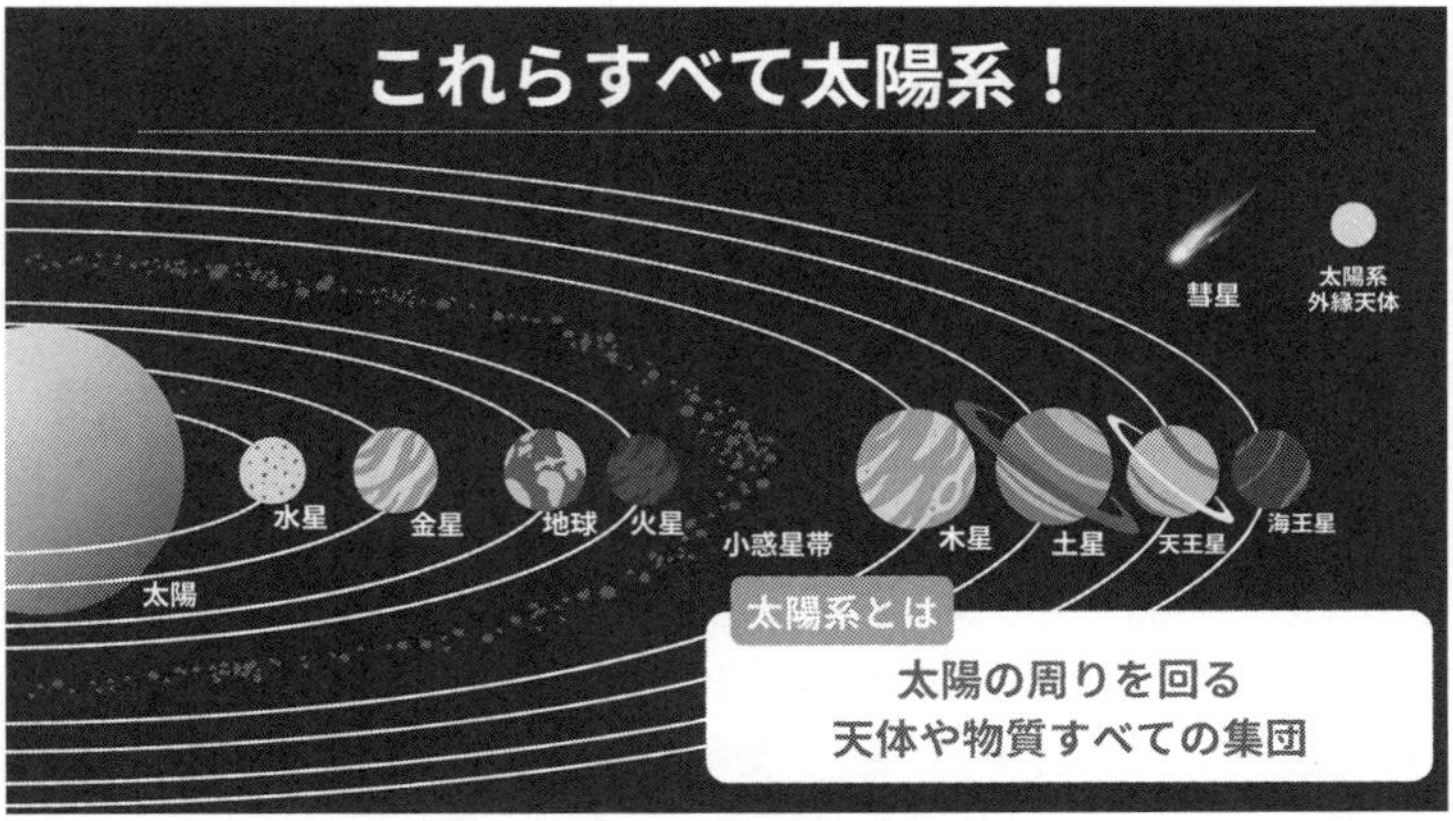

グレイが生息しているのは地球より外の寒冷な惑星

このグレイとは太陽系の地球よりも外側の惑星に住んでおり（恐らく火星か木星）、そのために太陽光をあまり浴びないことからその皮膚の色は〝灰色〟となっており、その皮膚の色から〝グレイ〟と呼ばれている。

そして、このグレイの地球上の子孫とは、これまで地球上のあちこちで侵略を繰り返してきた、イギリス・フリーメイソンの主な構成員である〝白人〟であるのだ。

この白人に注目すると、彼らも極悪宇宙人の〝グレイ〟と同じように地球上の寒冷地である北極に近い場所にまとまって住んでおり、その皮膚の色も太陽光の影響をあまり受けないことから〝グレイ〟と似て白くなっている。

そして、序章で述べたように、イギリス・フリーメイソン（白人）は大航海の時代を経てアメリカ大陸、アフリカ大陸、インド、中国、そして日本へ進出し、世界の様々な国々を侵略して来たが、これらイギリスが世界のあちこちを支配下に入れた経路とは、実は宇宙空間上で繰り広げられている侵略経路でもあるのだ。

地球上に〝地域と人種の分布〟があるように、実は宇宙空間上でも〝惑星と人種の分布〟が存在している。太陽に最も近い水星は黒人系の惑星であり、その次の金星はインド、マレー系などの有色人種の惑星であり、そして私達の地球は中国や日本などの東アジア系の人種の惑星であるのだ（ラテンアメリカ系も含まれると思われる）。

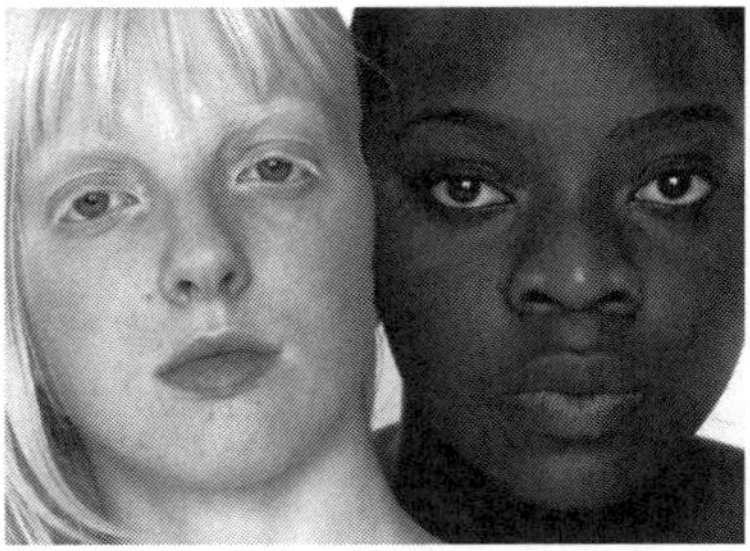

白人と黒人

（太陽光を浴びる量と皮膚の色とは比例関係にある。つまり、太陽に近く太陽光を多く浴びれば皮膚は黒くなり、浴びなければ白くなる）

イギリス・フリーメイソンは地球上では先ず初めにアフリカ大陸への侵略を行ったように、極悪宇宙人の〝グレイ〟は宇宙空間上でも黒人の惑星である水星を侵略したのだ。これは、この黒人種が地球上でも宇宙上でも太陽からあまりにも近すぎたために、文明があまり発達していなかったからである。高知能集団の極悪宇宙人（白人）側のイギリス・フ

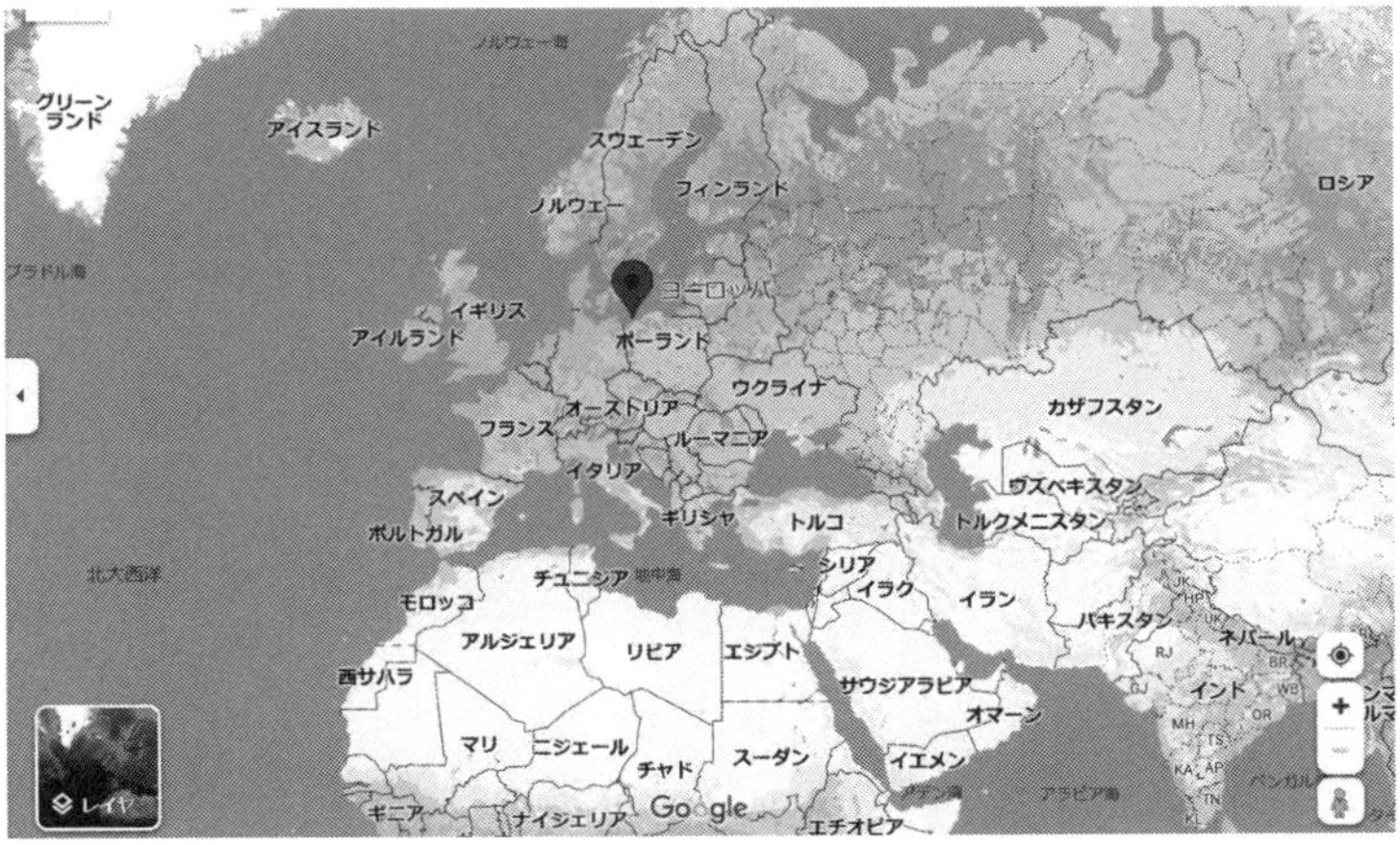

地球上の寒冷地域のヨーロッパに多く住まう白人

宇宙空間上で太陽に最も近い水星から侵略したように、地球上での熱帯地域であるアフリカを先ず侵略したユダヤ達

リーメイソンは、地球と宇宙征服で先ず初めに侵略しやすい黒人を狙ったのだ。また、非ユダヤ系の黒人を先に侵略することで、黒人種をイギリス・フリーメイソン（極悪宇宙人）による世界征服の駒として使い、非ユダヤ勢力を崩壊させるために、黒人種の惑星の水星を先に侵略したのだ。

そして、この極悪宇宙人の〝グレイ〟は、地球上でイギリス・フリーメイソン（白人）を通してインドやマレー半島、中国、日本を侵略したように、宇宙空間上ではそれぞれの惑星である金星と地球を侵略し、現在の地球上での世界征服に至っているのだ。

この極悪宇宙人の〝グレイ〟が先ず初めに、自らの惑星である〝火星〟や〝木星〟から最も近い地球をなぜ侵略しなかったのか。この地球というのは中国や日本を見れば分かるように文明惑星であり、極悪宇宙人の〝グレイ〟は同じく高度な知能を持つアジア系の有色人種に恐れを抱き、宇宙征服や地球征服が上手く行かないことを懸念して、高度な文明を持たない黒人種が住む水星やアフリカ大陸を先に侵略したのだ。

註　第十三章でも述べたが、日本政府（イギリス・フリーメイソン）が宿敵のアメリカ・フリーメイソンを打倒するために、アメリカのイギリス・フリーメイソンであるバラク・オバマの登場に期待を寄せていたのも、全ては黒人種がイギリス・フリーメイソンの政治的駒であるが

新華網日本語
http://jp.xinhuanet.com › ...

オバマ大統領は2030年代の有人火星探査目標を再び言明

2016/10/13 — **オバマ**大統領は、「マーズジェネレーション（**火星**世代）」と称される次世代人材の育成を含む有人**火星**探査の任務は一歩一歩進める必要があると指摘する。

ユダヤによる地球侵略のために火星探索を表明するオバマ

ユダヤによる世界征服の駒として使われる黒人

故なのだ。それ故に現在アメリカの国防長官に黒人のオースティンが選ばれている。アメリカ・フリーメイソン（中国）を牽制するために、イギリス・フリーメイソンの駒としてオースティンは選ばれたのだ。

註　2016年に当時の大統領バラク・オバマが火星への移住を提起していた。これらは全てオバマ側のイギリス・フリーメイソンの祖である極悪宇宙人の〝グレイ〟による地球と宇宙征服の方針に従って提唱されていたのだ。極悪宇宙人〝グレイ〟は最終的に地球を水星、金星同様に消滅させる考えを持っている。

註　明治維新などでイギリス・フリーメイソン（白人）が高度な文明を

携えて来たのと同じように、この地球や宇宙征服を企む極悪宇宙人の〝グレイ〟も高度な知能を有している。その知能を元に地球をユダヤ人が手に入れる、高度な政治論理である〝ユダヤ教〟を極悪宇宙人の〝グレイ〟は作り上げたのだ（聖書も極悪宇宙人〝グレイ〟が作り上げた）。

註　アメリカなどが長年、宇宙人の存在を公表していないのは、彼らの母体が宇宙人であるが故に、公表するに公表できないのだ（NASAによる宇宙開発も、その本当の目的は全人類の霊的なユダヤ化（宇宙人化）にある）。

地球から最も近いユダヤの拠点である月を爆破しようとしていたソビエト

註　戦後、ソビエトが月を爆破解体しようとしていたのも、この地球を侵略するイギリス・フリーメイソンの祖である極悪宇宙人の〝グレイ〟の存在を把握していたためだ。彼らの地球に最も近い拠点である〝月〟を爆破することにより、ソビエトは宿敵のイギリス・フリーメイソンを崩壊させようとしていたのだ。そして、昨今中国が月への探索などを行っている。それも、ソビエトの意向を継承して、イギリス・フリーメイソンを牽制するために月への探索を行っているのだ。

弥生人と縄文人　極悪宇宙人〝グレイ〟の子孫である朝鮮系（弥生人）

先ほど述べた極悪宇宙人〝グレイ〟の、地球上での子孫は白人であると述べたが、実はその極悪宇宙人〝グレイ〟のアジアに於ける子孫とは朝鮮系（弥生人）でもあるのだ。

地球上には〝縄文人〟と〝弥生人〟との区別が存在している。この〝縄文〟というのは地球上での元々（オリジナル）の原住民（非ユダヤ）のことを指し、一方で〝弥生〟とは地球上での侵略者（ユダヤ）のことを指す。

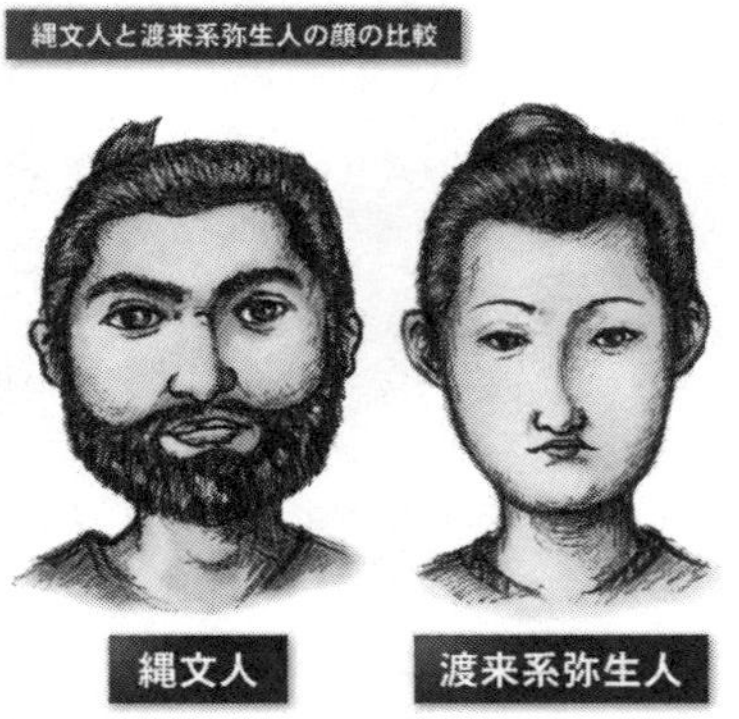

縄文人と弥生人とは全く性質が異なっている

そして、この〝弥生人〟に属する人種とは、前項でも述べたように極悪宇宙人〝グレイ〟の子孫であるイギリス・フリーメイソンの白人種であり、アジアに於いては朝鮮系の民族であるのだ。

この朝鮮系の民族の皮膚や顔つきを見てみると、白人種と同じくその皮膚は白い。顔に凹凸がある〝縄文人〟の中国人や黒人などの有色人種とは違い、凹凸がなくのっぺりしている顔つきが朝鮮系の民族

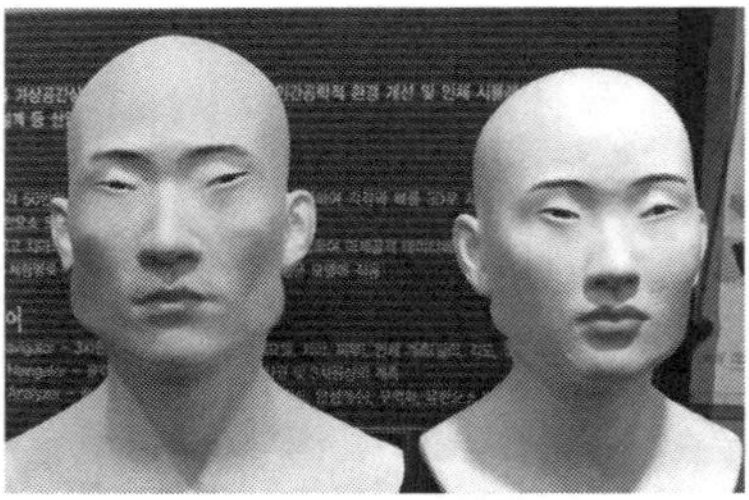

地球を侵略する極悪宇宙人のようにのっぺりとした顔つきの朝鮮人

の特徴なのだ。

朝鮮民族の顔つきが凹凸がなくのっぺりとしているのには、先述した地球と宇宙とを征服したい極悪宇宙人の〝グレイ〟が関与している。朝鮮民族とはこのグレイのアジアに於ける子孫であるが故に、このグレイ同様に顔に凹凸がなくのっぺりとした顔となっているのだ。

その弥生人国家の韓国では美容整形手術が流行している。彼ら弥生人の朝鮮人が目を大きく、彫りが深くなるよう美容整形をしている背景には、弥生人（宇宙人）としての容姿を捨て縄文人側の容姿を手に入れ、地球上での地位を獲得し、地球を征服するため、あるいは地球人になりすますために縄文人に似せようと美容整形を国家規模で行っているのだ。

註　現在中国と、イギリス・フリーメイソンの国である日本や韓国、台湾とも係争が生じている。この背景には第一章から述べている、地球上の侵略者（ユダヤ人）団体のイギリス・フリーメイソンと、地球上の原住民団体のアメリカ・フリーメイソンとの争い以外にも、〝縄文人（中国人）〟vs〝弥生人（朝鮮人）〟との係争も進んでいるのだ。因みに日本は第一章から述べて

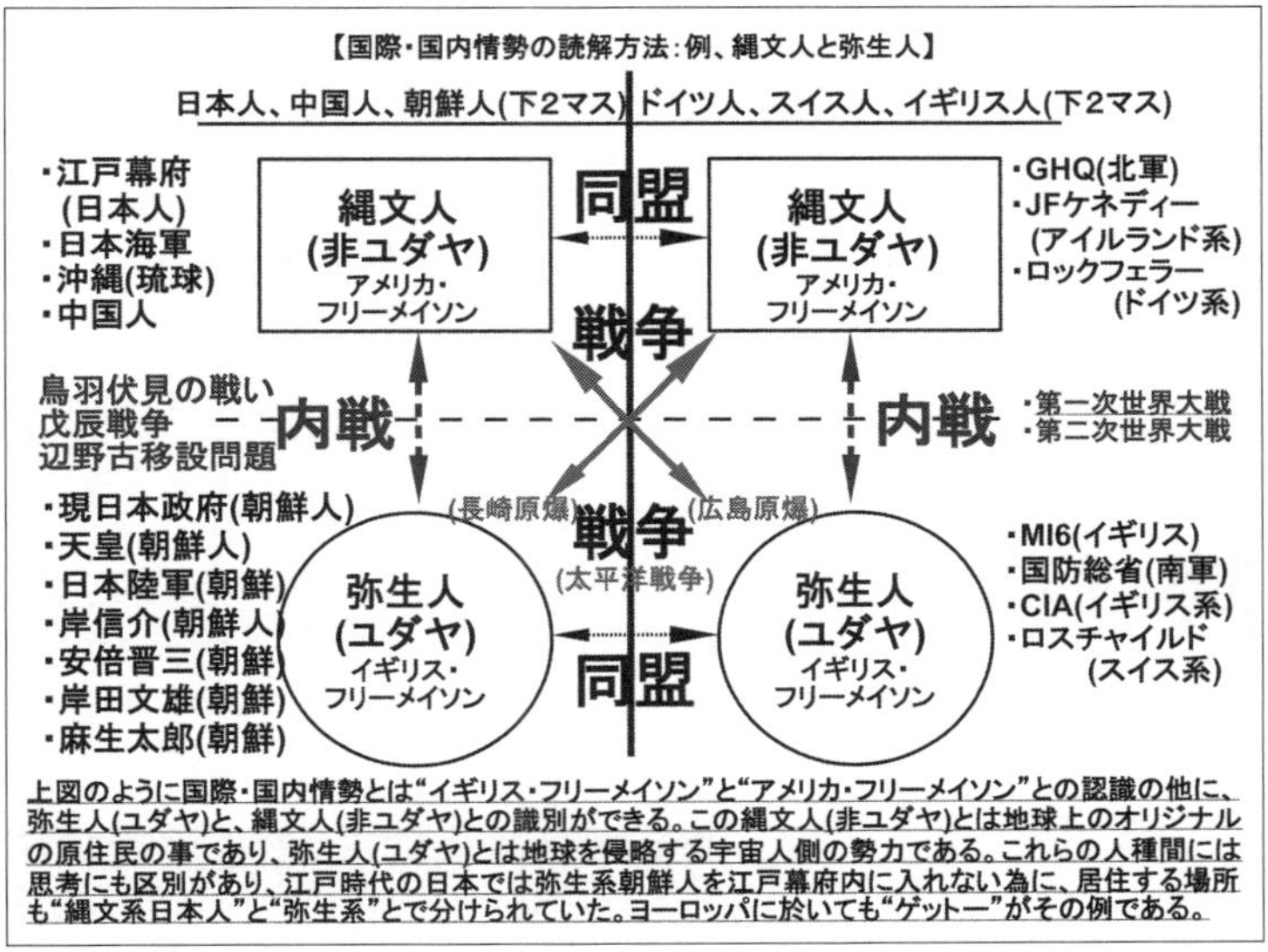

縄文人と弥生人との違いを知る政治相関図

いるように明治維新で在日朝鮮人にその国家の主権を奪われていることから、日本は韓国同様の〝弥生人国家〟となっている。

註　江戸時代の日本では縄文人である日本人と、弥生人である朝鮮人とでは、居住する場所も分けられていた。これは思考や政治性の違いから分けられていたのである。例えば縄文人は仏教を信仰するが、弥生人はユダヤ教の一種である儒教やキリスト教を信仰するなど違いが見られていた。他にも〝縄文系（中国系）〟と〝弥生人（朝鮮系）〟との違いは文字や生殖、食べ物などにも現れている。〝弥生人

江戸城の東側の江東区や墨田区、台東区などは江戸時代からヤクザのたまり場であった。江戸幕府を倒したヤクザもここから出現した

東京のヤクザ文化の名残である浅草の三社祭の様子

（朝鮮系）〟は白人らが使用するアルファベットと同じく、文字に意味を持たず、簡素な文字であるハングルを使うが、〝縄文系（中国系）〟は文字に意味があり、複雑な形の漢字を使う。そして、生殖に於いても、〝弥生人（朝鮮系）〟は同種間の交配を好むが、〝縄文系（中国系）〟は種を超えた交配を好む。また、食べ物に於いても〝弥生人（朝鮮系）〟は間接火の鍋物などを好むが、〝縄文系（中国系）〟は直火が強く通った料理を好む。このように〝弥生人（朝鮮系）〟と〝縄文系（中国系）〟との違いに着眼する

第十三章で述べたように大阪の北部もヤクザ（庄屋）側の土地である

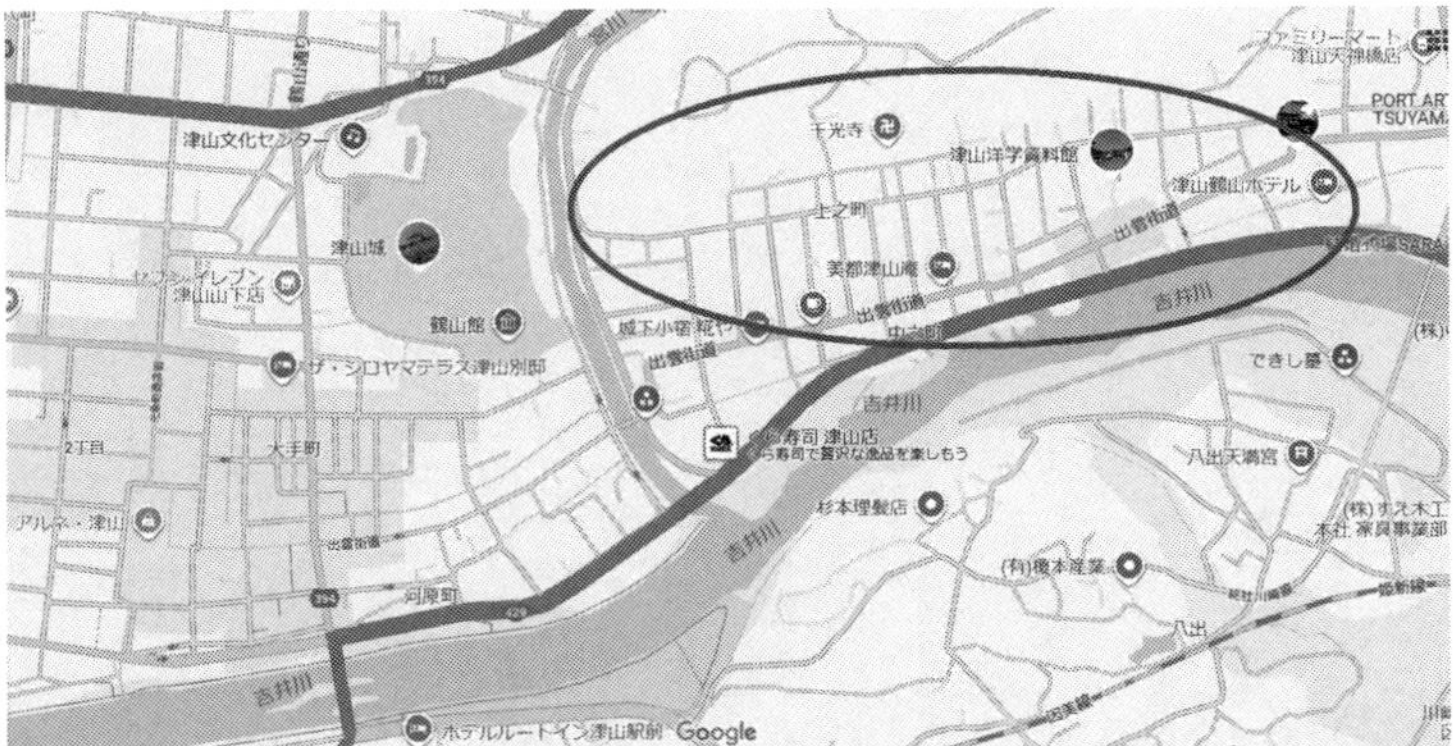

明治維新を引き起こした箕作《みつくり》家《け》などを輩出した岡山県津山市にも原住民側の土地と、ユダヤ（朝鮮人）側の土地とが存在している

と、それぞれの違いが明白に現れるのだ（また、ハングルはその昔ヤクザ（海賊、アヒル）文字と呼ばれていた）。

註　中国では日本の侮蔑語に〝鬼子〟という言葉が使われる。これは元々は西洋人の容姿や様子を指して使われていた侮蔑語である。西洋人は東洋人とは異なり、鬼のように鼻が高く、目が青く、肉を喰らうなど鬼のような振る舞いであったことからこのように名付けられた。そして、日本は明治維新でその西洋人（イギリス）に国家を支配され、イギリスの駒として中国への侵略戦争を繰り返したことから、中国は日本を軽蔑して、そのイギリスの子弟の意味として日本に対しても〝鬼子〟が使われるようになったのだ。こういった言葉の表現にも〝弥生人（鬼子）〟と〝縄文人（中国人）〟との違いが現れているのだ。

ヤクザの国である〝高句麗（北朝鮮）〟と〝スイス〟

さて、第六章でも少し述べたが、世界征服を世界中で行っているイギリス・フリーメイソンの真の本拠地とは実はイギリスではなく〝スイス〟にあるのだ。
このスイスというのは、周囲の国々が王国であったにも拘らず、王国とはならず長年中途半端な政治的立ち位置にあった。それもそのはず、このスイスとは近隣のドイツやフランス、イタリアなどからはみ出た〝ならず者（マフィア）の活動の拠点〟として栄えた場所であるのだ。

そして、このスイスから現在世界征服を企むイギリス・フリーメイソンの長であるロスチャイルド家は誕生し、1700年代にイギリスを支配し、その後日本や数多くの世界の国々を支配しているのだ（スイスは永世中立国であるが、これはスイスが平和国家であることを意味しているのではなく、スイスは周囲を山々に囲まれていることから他国から侵略されないようにと〝永世中立〟を装っているに過ぎないのだ。実際にはこのスイスから第一次世界大戦時、スイスの宿敵であるドイツを攻略する戦争が始まっていたように、スイスやイギリス（ＭＩ６）が世界中で戦争を画策している）。

そして、アジアにもこのスイスと似たような〝ならず者（ヤクザ）の国〟が存在しており、それは西暦600年代中頃に滅びた朝鮮にあった〝高句麗（北朝鮮）〟であるのだ。

この〝高句麗（北朝鮮）〟の子孫とは、第一章から説明している通りに、明治維新以降の日本を作った山口県田布施町を中心とした地域出身の伊藤博文や岸信介、安倍晋三らであり、また、第十三章で解説をした埼玉県深谷出身の渋沢栄一であるのだ。

つまり、世界にはマフィアやヤクザを行う国や人種が存在しており、それが〝スイス

（白人）〃と〃高句麗（朝鮮人）〃なのだ（その昔ヨーロッパにはユダヤ人によるハザール帝国という国があったというが、私はそれはスイスのことだと思っている）。

この〃スイス〃と〃高句麗（北朝鮮）〃との共通点は何かというと、それは両地域とも大量の黄金（ゴールド）を含有する山々を有しているという点である（スイスにはアルプス山脈、高句麗には雲山金鉱が存在している）。

先ほど私はイギリス・フリーメイソンの祖である地球と宇宙とを征服するユダヤ宇宙人こと極悪宇宙人の〃グレイ〃に関して述べた。この〃グレイ〃の活動目的もイギリス・フリーメイソンと同じく世界中の黄金（ゴールド）を略奪することにあるために、超極悪宇宙人の〃グレイ〃は大量のゴールドが眠っているスイスと高句麗（北朝鮮）に、自らの地球上での分身である〃弥生人〃を作り、誕生させ、地球上での世界征服の駒としたと分析をしている。

それ故に、今日遠く離れたイギリス（スイス）と日本とが深く繋がっているのは、それぞれの地域での極悪宇宙人の〃グレイ〃の子孫である〃弥生人〃の朝鮮人と、白人とが明治維新を機に、同じ祖先を持つ者同士が繋がったことで、世界規模の征服を企む弥生人（ヤクザ）のネットワークが開けたからなのだ。

また、第十三章で述べたように、現在日本で庄屋（ヤクザ）出身の首相が数多く存在し

金塊が眠るスイスの山々

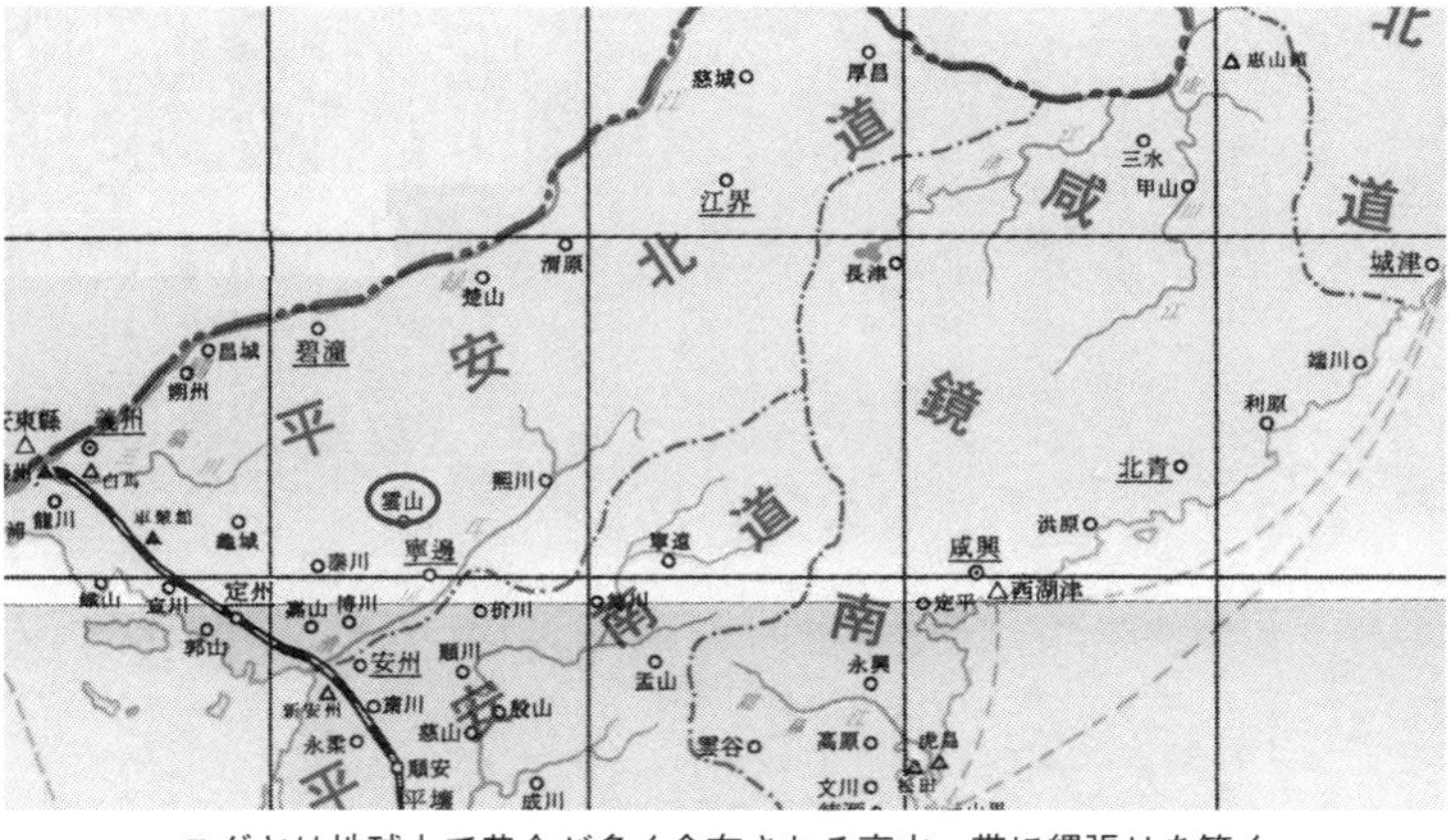

ユダヤは地球上で黄金が多く含有される高山一帯に縄張りを築く

ている。イギリス・フリーメイソンによるマフィア（ヤクザ、弥生人）による世界征服のために、日本では庄屋（ヤクザ）出身の首相や政治家が数多く選ばれているのだ。

註　スイスは傭兵で有名だが、この傭兵とはマフィアの手下のことだと思われる。明治維新前の日本では瀬戸内海に村上水軍などの海賊が多数生息しており、ここを通過する船は瀬戸内のヤクザを水先案内人として雇い、海賊の被害から身を守ったという。これと同じくスイスに於いてもその昔からマフィアが生息する地域として名が馳せていたことから、そのスイスマフィア（ユダヤ）の傭兵を取り入れることで、用心棒としてマフィア（ユダヤ）の侵略（戦争）から身を守ったのだと分析をする。

註　日本は豊臣秀吉の朝鮮出兵や、1910年の韓国併合など他国侵略を繰り返し行って来たが、実は日本とはその昔から倭寇（海賊）の国として中国や韓国から恐れられていたのだ。端的にいうと、日本とはその昔からヤクザの民である高句麗の末裔などの海賊やヤクザが寄せ集まった国であり、それ故に他国侵略などを得意としていたのだ。そして、この倭寇（高句麗）の末裔が明治維新により台頭し、現在の日本政府の中枢を築くこととなったのだ。

おわりに

本書のタイトルの通り、現在日本や世界を支配しているのはイギリス・フリーメイソンことイギリスの諜報機関であるＭＩ６である。

もちろん、日本にはアメリカの諜報機関のＣＩＡの影響も考えられるが、本文で既述の通り、このアメリカＣＩＡというのは、戦後の１９４７年にアメリカを支配する目的でイギリスＭＩ６が設立したものである。だからその本質とはイギリスＭＩ６（イギリス・フリーメイソン）に準じている。そのため本書ではＣＩＡに関する言及はなるべく割愛した。

そして、そのイギリス・フリーメイソンのＭＩ６とＣＩＡとが支配する日本で、彼らの手先である日本政府や自民党、天皇というのは、これら白人組織のＭＩ６とＣＩＡの政策を実行する犬でしかない。

本文で既述の通り、イギリス・フリーメイソンは「異邦人（ユダヤ人）による支配」を規定し、ユダヤ人以外の他者を徹底的に迫害する〝ユダヤ教〟を日本や全世界に適用することにより、国家侵略（乗っ取り）を行って来ている。

日本に於いて在日朝鮮人（帰化人を含む）の政治家や警察、検察、裁判官、芸能人、歌手、スポーツ選手などが数多く活躍する国となっている。それは、正に日本が明治維新でイギリス・フリーメイソンに毒され、「異邦人（ユダヤ人）による支配」が規定されている、かの邪悪な〝ユダヤ教〟が日本に侵入して来ているが故に、日本のユダヤ人こと在日朝鮮人が日本の顔となり、彼らは日本人の振りをしながら日本人を支配下に入れ、日本で大活躍することとなっているのだ。

また、昨今そのユダヤ人（在日朝鮮人）政党の自民党の裏金問題で、巨額の裏金を作った自民党議員が刑事的に罰されずに、全て不起訴処分となっている。現在の日本を支配する〝ユダヤ教〟の規定では「ユダヤ人の犯罪は罰しない」ことが規定されているが故に、自民党の裏金問題は、同じくユダヤ人機関の検察庁によって自民党議員は罰されなかったのだ。

これと同じく、2023年夏頃に文藝春秋が報じた木原事件でも、明らかに他殺であると報じられているにも拘らず、警視庁や検察庁が捜査をしようとしない。それはこの事件に日本のユダヤ人である在日朝鮮人（帰化人）の警視庁職員が関わっていたがために、ユダヤ人保護の観点からこの殺人事件は不問に付されることとなったのだ。

このように、日本ではユダヤ人を優遇する〝ユダヤ教〟によって支配されていることから、非ユダヤ人の日本人は政治的に立場が非常に不利なのだ。

それ故に、日本人はこのユダヤ（イギリス・フリーメイソン）が支配する日本から脱却しなければ、日本人はますますユダヤ人（在日朝鮮人）の支配によって政治的に苦境に立たされることが明白なのだ。


では、どのようにすれば日本人はユダヤ人（在日朝鮮人、白人）の支配から脱却することができるのかだが、それはイギリス・フリーメイソン（ＭＩ６）が明治維新で作ったユダヤ人政府の〝日本政府〟から脱する以外に、日本人は現在の政治的に不利な立場を変えることができない。

明治維新が引き起こされた頃、現在の日本政府の新政府側はイギリス勢力と手を組み江戸幕府打倒の明治維新を引き起こしたように、今の日本人も日本人の味方となる勢力と手を組まないとならないのだ。

では、その日本人の味方となる勢力とは一体誰なのか。それは日本政府が敵（脅威）と定める勢力であり、それが日本人の味方となるのだ。

既述の通り、日本政府とはユダヤ（イギリス・フリーメイソン）側の勢力であり、日本人とは非ユダヤ側の勢力である。

それ故に、日本人は日本人側の勢力である非ユダヤ側の勢力と手を組めば、政治的に有利となれるのだ。

非ユダヤ人の日本人を守るのは、同じく非ユダヤ側勢力の中国やロシア

2024年7月8日、自民党の朝鮮人の顔をしている日本人？ の高市早苗は、この日出版した自著の中で中国人民解放軍の脅威に関して言及をしていた。

昨今、日本政府も、マスコミ各社も中国の脅威について報道する姿勢が採られているが、果たしてその日本政府側が脅威と広報する中国とは、本当に非ユダヤ人の日本人にとって脅威であるのか？

本文でも既述の通り、日本政府側のイギリス・フリーメイソン（MI6）は戦前戦後を通して、アメリカ・フリーメイソン側の中華民国の蔣介石や、中華人民共和国の毛沢東を

崩壊させるためにあらゆる工作活動を展開して来た。

そして、非ユダヤ人（アメリカ・フリーメイソン側）の日本人も、そのユダヤ（イギリス・フリーメイソン）側の勢力である日本政府から、今日では高税をむしり取られるなどして迫害を受けている。

しかし、日本のマスメディア等は、その日本人を迫害する日本政府に対して的確な批判とユダヤ問題への提起を行わずに、日本人と同じ非ユダヤ勢力側の中国に対して常に敵対的であり、多くの日本人は中国に対して良い印象を持ってはいない。

このような、中国に対する印象操作を行っているのは、日本のユダヤ機関の公安調査庁や警視庁（警察）である。彼らは日本人に意図的な印象操作を行うことで、本来は同じ勢力である日本人と中国側との切り離しを行い、日本人をユダヤ人の手元に置き、引き続き支配を行おうとしている結果が、現在の日本人の中国に対する印象なのだ。

ユダヤ革命（ユダヤによる日本乗っ取り）の明治維新が引き起こされる前の日本は、実は中国を尊重していた。

明治維新よりも前の中国は、現在のアメリカのように世界最強かつ経済と文明の大国であったために、当時の日本は中国の文明をこよなく学んでいたのだ。

そのため、現在の日本で漢字や仏教が普及したのも、全ては中国のお陰なのだ。

その中国の文化を広く尊重し、現代に於いても漢字や中華料理などが広く普及する日本で、中国バッシングが引き起こされている。それは、明治維新によってユダヤ側のイギリスが日本を乗っ取ったために、日本政府のプロパガンダにより中国バッシングが引き起こされているのだ。

そして、日本人は本来は日本人の敵である日本政府に対してと同じく、ユダヤ人国家である台湾に対しても好印象を持たされているのは、これも日本政府（警察、公安調査庁）によるプロパガンダの影響による。非ユダヤ人の日本人が本来は政敵であるユダヤ人国家の台湾に対して好感を持つように誘導されている（騙されている）が故なのだ。

それ故に、本来日本も中国も、同じ非ユダヤ側の勢力であることから、日本人にとって中国とは実は脅威ではなく、本来は同じ非ユダヤ人同士の同盟関係を結ぶべきなのだ。

なので、非ユダヤ人の日本人は、ユダヤ側の日本政府、自民党、天皇などが敵とする、非ユダヤ側の勢力の中国などと手を組めば、日本人の敵である日本政府、自民党を打倒することができるというわけなのだ。

日本人の皆様には本書で出て来る〝アメリカ・フリーメイソン（原住民、非ユダヤ）〟と〝イギリス・フリーメイソン（侵略者、ユダヤ）〟との、2大勢力の政治的論理を学び取ってもらい、明日を生きる生活の糧、生活の智慧にしてもらいたいと、筆者は心から願っている（本書で出て来る〝内戦戦争図〟などは非常に役に立つ資料である）。

また、冒頭で述べたように、日本人にとって最も近い宿敵とは、ユダヤ側の勢力の日本政府や自民党、天皇などの日本の異邦人である〝在日朝鮮人〟であるが、この在日朝鮮人を日本でこき使っているのは、白人組織のイギリス・フリーメイソンの執政機関であるMI6とCIAである。

そのため、日本人は、日本人の政敵であるユダヤ側の〝在日朝鮮人〟の脅威と、これを支配するMI6とCIAとの〝白人〟の脅威とを認識し、排除する必要があるのだ。

そして、この白人組織のＭＩ６とＣＩＡからのスパイは既に日本政府公認で日本に潜入しており、日々日本政府に対して日本人を迫害する指示を出しているということを日本人は忘れてはならない（増税などの指示を出しているのも白人）。

日本人の宿敵とは、ユダヤ側の〝在日朝鮮人（日本政府）〟であり〝白人（ＭＩ６、ＣＩＡ）〟である。

２０２３年８月30日に発生した私（著者）に対する日本政府の暗殺未遂に関して

実は本書を執筆する私は２０２３年８月30日に、日本政府によって拳銃で３発銃撃され暗殺されかけている。

著者紹介にあるように、私と日本政府とは、アメリカ・フリーメイソン（原住民）とイギリス・フリーメイソン（ユダヤ）とで政治的に立場が全く異なっており、日本政府とは多くの日本人がそうであるように、私の政敵でしかないのだ。

著者紹介にも書かれているが、私の家は江戸時代は江戸幕府側の非ユダヤ日本人であり、イギリス・フリーメイソンが引き起こした明治維新後、我が家は日本政府からの迫害に遭っており、家の全ての財産は奪われ、我が一族は家族の多くを新政府の日本政府によって暗殺されている。

この我が一族への日本政府からの迫害に関しては、Amazon（Kindle）から出版されている『日本政府に殺された長州藩の我が一族』に詳述されているために、気になる方は参照されたい。

そして、昭和生まれの私も日本政府から迫害されることとなり、２００７年以降は政治亡命のために日本政府から逃げる生活を送っていたのだ。

私が政治亡命をし出した２００７年以降、２００７年1月に第一次安倍政権で中国人民解放軍（アメリカ・フリーメイソン）が人工衛星の破壊実験を行い、翌年２００８年に中国・四川省で大地震が発生し、２０１１年に東日本大震災が発生していたのも、全ては私の政治（生存）を巡ってアメリカ・フリーメイソンvsイギリス・フリーメイソンの係争で引き起こされていたのだ（２００８年と２０１１年の地震はユダヤによる仕業。その他諸々国際、国内政治の大事件には私が関与している）。

実は私は国際政治では日本の天皇や、イギリス国王、アメリカ大統領を凌ぐ（イギリス・フリーメイソンを凌ぐ）、アメリカ・フリーメイソン側の政治力がある人物であり、それ故に国際社会に於いて私を巡って著しく大きな事件が起きているのだ。

また、本文中で述べている、イギリス・フリーメイソン（日本政府）側が政治懐柔した中国のユダヤ人である鄧小平の時代に、鄧小平の政敵である毛沢東派の重要人物を日本に移民させる、官製人身売買の〝パンダ外交〟によって日本に連れて来られたアメリカ・フリーメイソン側の重要人物とは、実はこれを書いているこの私のことなのだ。

イギリス・フリーメイソン側はイギリス・フリーメイソンの国である日本で、私に対する暗殺などでアメリカ・フリーメイソン側に政治危機を作り出すことによって、アメリカ・フリーメイソンの崩壊を企んでいる。

そして、２０２３年8月30日、私はイギリス・フリーメイソン（日本政府、ＭＩ６、ＣＩＡ）によって周到に計画された暗殺未遂の被害に日本で遭ったのだ。

実は私が襲撃される2023年8月30日よりも前から、中国にアメリカの国務長官のブリンケンや、財務長官のイエレン、そして極悪キッシンジャーらが訪中していたのも、全ては私への暗殺の下準備のためであり、中国の反毛沢東派（中国政府）の了承を得て私を暗殺しようとしていたのだ。

また、同じ時期にイギリス・フリーメイソンのイーロン・マスクとヘンリー王子が日本を訪れていた。彼らはイギリスを代表して、私への暗殺作戦に便乗するために日本を訪れていたのだ（ヘンリー王子もMI6傘下のイギリス軍の要員として、政治戦略的にアメリカを乗っ取るために、アメリカへ移住した）。

そして、彼らイギリス・フリーメイソンが中国や日本を訪れていた時期に、日本政府側にも動きがあった。日本政府（MI6、CIA）の委託を受けた大阪府警の公安部が、私のスマホをハッキングし、違法に位置情報を割り出し、私に挑発的にストーカー行為を繰り返し行って来たのだ。

あまりの大阪府警側の挑発的な行動に対し、一時は大阪の梅田一帯で私の方から彼ら大阪府警の公安部を威嚇追跡するなどの行動も取り、私は日本政府に対して抗議を行った。

それから程なくして、ロシアではワグネル率いるプリゴジンが暗殺されることとなった。これは私が大阪府警（日本政府）のストーカー行為に対して威嚇、抗議を行ったことにイギリス・フリーメイソン（ＭＩ６、ＣＩＡ、日本政府）側が怒りを表したために生じた結果である。イギリス・フリーメイソン（ＭＩ６、ＣＩＡ、日本政府）側は、私と同じアメリカ・フリーメイソン側の勢力であるプリゴジンを暗殺することで、暗に私への暗殺をほのめかしていたのだ。

そして私は２０２３年８月30日深夜に、自宅前で待ち構えていた日本政府（ＭＩ６、ＣＩＡ）からの委託を受けた大阪府警によって３発銃撃され、重傷を負い、不当逮捕されたのだ。

この不当逮捕から程なくして、２０２３年10月に私（アメリカ・フリーメイソン）の宿敵であるイギリス・フリーメイソンの麻生太郎が「安倍晋三が必死にやろうとしてできなかったことが、岸田になったら全部できている」と述べていた。２０２３年８月30日に大

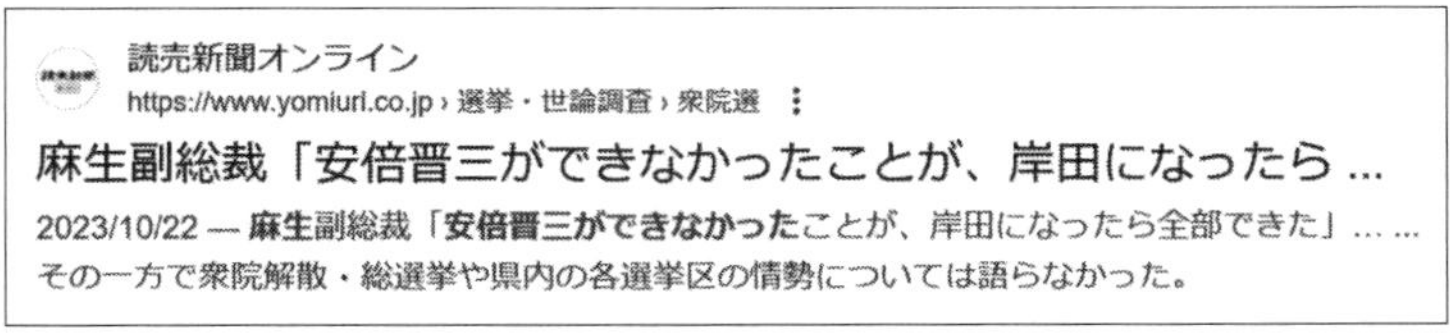
読売新聞オンライン
https://www.yomiuri.co.jp › 選挙・世論調査 › 衆院選
麻生副総裁「安倍晋三ができなかったことが、岸田になったら ...
2023/10/22 — **麻生副総裁「安倍晋三ができなかった**ことが、岸田になったら全部できた」......
その一方で衆院解散・総選挙や県内の各選挙区の情勢については語らなかった。

筆者を銃撃させた岸田を讃えた麻生太郎

阪で私を銃撃させた岸田文雄の成果を讃えて、麻生太郎はこう述べたのだ（本文で既述の通り、麻生太郎と私の関係は、日本政府vsGHQと同じである。両者は水と油の関係と同じく決して共生することはできない。それ故に、麻生太郎は私への暗殺未遂を実行した岸田を讃えていたのだ）。

それから、日本の宗主国のイギリス本国でもキャメロン元首相が外相として政界復帰していた。私の逮捕と国際政治の政変を見据えて、彼らの宿敵であるアメリカ・フリーメイソンを牽制するためにキャメロンは異例にも外相として政界復帰を果たしたのだ。

そして、２０２３年11月下旬に韓国・釜山で日中韓３か国外相会議が行われた。私の逮捕で彼らは韓国を使って私を死刑などに処そうと計画していたが故に、このような３か国会議が開かれていたのだ。

この韓国を使った私への処刑に関しては、２０１７年に行われた私へのＴＨＡＡＤ作戦も含めてAmazonから出版されている『第三版　広島原爆は日本政府の計画殺人だ！』に詳述されているために併せて参照されたい。

しかし、その後私は嫌疑不十分で釈放されることとなり、現在は自由な身となった。

だが、イギリス・フリーメイソン側は、私が釈放されたからといって、彼らの最大なる宿敵であるアメリカ・フリーメイソン側の私の暗殺などの計画を放棄はしておらず、今もその作戦の最中である。

これを書いている２０２４年8月20日現在、イギリス・フリーメイソンのドナルド・トランプは、同じくイギリス・フリーメイソンのイーロン・マスクの閣僚への登用を提起した。この背景にあるのは、２０２３年8月の私への暗殺作戦同様に、イーロン・マスクらイギリス・フリーメイソンは、今後の私への暗殺作戦でイーロン・マスクが何らかの方法で活躍することを期待して、同じくイギリス・フリーメイソンのドナルド・トランプがイーロン・マスクの閣僚登用を提起したのだ（トランプやイーロン・マスクに対して政策の提言を行っているのはイギリス・フリーメイソンのＭＩ６とＣＩＡである）。

しかし、私側のアメリカ・フリーメイソンもイギリス・フリーメイソンには負けていない。アメリカ・フリーメイソンは日本政府などのイギリス・フリーメイソンを崩壊させるために、今年2024年元日には能登半島地震などを引き起こし日本政府（イギリス・フリーメイソン）を政治牽制し、また8月には岸田文雄の中央アジア外遊を宮崎県日向灘を震源とする地震を発生させて中止させ、8月14日には岸田文雄を総選挙不出馬に追い込むなど、様々な政治作戦を展開している（能登という場所は高句麗（北朝鮮）からの漂流民が住みついた土地として有名であり、能登とはイギリス・フリーメイソンや日本政府、東京を示唆する場所でもある。アメリカ・フリーメイソン側は元日に東京を揺らす代わりに能登を揺らしたのだ。また、宮崎県もイギリス・フリーメイソンを政治象徴する土地である）。

私が日本政府に襲撃される前に中国ではアストラス製薬の社員に扮した公安調査庁などのスパイが中国側によって拘束されていた。私への襲撃作戦を政治的に牽制するために、中国で日本政府のスパイが拘束されていたのだ。このスパイが2023年10月に逮捕され、2024年8月に起訴されたのも、全ては私への暗殺を企むイギリス・フリーメイソン（日本政府）側を政治的に牽制するために、私の政治動向を読んで中国側が期日を選んで逮捕、起訴に踏み切ったのだ。

今後、国際情勢がどのような方向へ進むのかは予断を許さないが、私はこれまで通り私側の勢力であるアメリカ・フリーメイソンが極悪宇宙人団体のイギリス・フリーメイソンを打倒すると信じて止まない。

そして、日本人は常にアメリカ・フリーメイソン（GHQ、中国人民解放軍）によって守られているということを本書で紹介した内戦戦争図の相関関係を理解して実感して欲しい。

日本人や世界中の人々の敵は日本政府（イギリス・フリーメイソン）であり、GHQや中国人民解放軍ではない。

日本政府（イギリス・フリーメイソン）が日本人に仕掛けた、GHQや中国人民解放軍に対する悪い洗脳が本書によって消え去ることを筆者は心より願っている。

以上

参考文献

『衝撃のユダヤ　5000年の秘密』ユースタス・マリンズ（日本文芸社）
『真のユダヤ史』ユースタス・マリンズ（成甲書房）
『カナンの呪い』ユースタス・マリンズ（成甲書房）
『ユダヤの日本侵略450年の秘密』太田龍（日本文芸社）
『100ページで全て分かる！　日本建国の真相と改憲』世界大統領（ともはつよし社）
『維新の悪人たち　「明治維新」は「フリーメイソン革命」だ！』船瀬俊介（共栄書房）
『日本民族抹殺計画』船瀬俊介（ビジネス社）
『日本のいちばん醜い日』鬼塚英昭（成甲書房）
『世界最終恐慌への3000年史　時間とマネーを支配する怪物の正体』鬼塚英昭（成甲書房）
地質ニュース618号、8－23項、2016年1月
『日本統治下の朝鮮　北鎮の歴史―アメリカ人が開発した東洋一の金鉱の町』酒井敏雄（草思社）
『世界金融財閥　悪魔の法典』加賀美亮（第一企画出版）
『ユダヤ人と彼らの嘘　仮面を剝がされたタルムード』マルチン・ルター（雷韻出版）
『第3版　広島原爆は日本政府の計画殺人だ！』韓国日本人政治亡命者（Amazon）

『もう一人の「明治天皇」箕作奎吾（みつくりけいご）』水原紫織（ヒカルランド）
『特攻兵器「原爆」』水原紫織（ヒカルランド）
『幻の韓国被差別民：「白丁」を探して』上原善広（河出文庫）
『朝鮮名は張基元　朝鮮半島から［万人幸福の世界作り］を目指した明治天皇』張勝植（ヒカルランド）
『裏天皇、八咫烏、南朝系、今こそ天皇家の真実を話そう』張勝植（ヒカルランド）
『天皇の金塊　ゴールデン・リリーの謎』高橋五郎（学研プラス）
『天皇の財宝：北海道に秘匿された略奪金塊と戦勝品』高橋五郎（学研プラス）
『改訂第2版　新・ユダヤ人の習近平と文在寅・尹錫悦』世界大統領（Amazon）
『旧約聖書（まんがで読破）』バラエティ・アートワークス（イースト・プレス）
大日本帝国憲法
日本国憲法
旧約聖書
新約聖書

など他多数

世界大統領
2023年８月30日に日本政府によって銃撃され重傷を負う。

著者はアメリカ・フリーメイソン（非ユダヤ）を代表する重要人物である為、イギリス・フリーメイソン側から命を狙われている。

著者の家は江戸時代は関門海峡の閉鎖を行った山口県下関市の長府藩の江戸幕府側の非ユダヤ日本人。

明治維新以降、日本政府側による様々な謀略を受け、財産を失い、家族を暗殺される。

その為、著者は著者を迫害する日本政府から逃れる為に、世界中で政治亡命を行うも、著者の政治亡命によって政変が起こる事を恐れる日本政府によって妨害される。

2013年に安倍政権で成立した特定秘密保護法も、著者の政治亡命による日本政府転覆を恐れて作られた法案である。

現在、日本や国際政治の真実を告発する為に執筆活動などを行っている。

また、同時に著者に対する支援者も求めている。

real-japanese.asylee@outlook.jp

日本原住民はなぜ搾取／征服され続けるのか!?

ステルス支配の核心はイギリスフリーメイソン！

第一刷 2024年12月31日

著者 世界大統領

発行人 石井健資

発行所 株式会社ヒカルランド

〒162-0821 東京都新宿区津久戸町3-11 TH1ビル6F

電話 03-6265-0852 ファックス 03-6265-0853

http://www.hikaruland.co.jp info@hikaruland.co.jp

振替 00180-8-496587

本文・カバー・製本 中央精版印刷株式会社

DTP 株式会社キャップス

編集担当 utoi／TakeCO

ISBN978-4-86742-445-2

世界はこのテクノロジーを
まだ知らない！　驚きの新技術！

Ｄｒ．ｓｈｕのサンソニア技術

ヒカルランドでお馴染みＤｒ．ｓｈｕこと五島秀一先生開発の革新的技術、二酸化炭素を酸素に変える**「サンソニア」**。これはＤｒ．ｓｈｕが地球温暖化対策を考え、二酸化炭素の量を減らすために開発した世界特許申請中の技術です。**「サンソニア息楽ストール」**にも使われている粉で、呼吸がラクになったり、身体が軽くなったりすると言う報告があります。**「サンソニア杉スリット」**は**「サンソニア」**＋**「杉パワー」**＋**「生体エネルギー」**を使った贅沢トリプルパワーでお部屋の空気を浄化しながら酸素を供給してくれる、見た目良し、機能良しの逸品です！　素材にはカビの生えにくい吉野杉を使用。菌やカビの増殖を抑え、化学物質を吸収し、空気をキレイにしてくれます。防臭、湿度調整、蓄熱、殺菌の効果もあり、杉の香りでリラックスを促進。さらに香り成分に含まれるセドロールはメラトニンやセロトニンの分泌を助けることで、睡眠や精神の安定に寄与します。表面には生体エネルギー理論（※）を用いた「ママが選ぶ優しいワックス」を塗布し、杉の持つポテンシャルを引き出しており、さらに「サンソニア」の粉を木枠と背面にたっぷりと練り込んであります。サンソニアの粉が裏面いっぱいに塗りこまれた「サンソニア息楽杉スリット」は設置した部屋にいる全ての人に酸素を供給し、身体を活性化し活力を与えてくれることでしょう。寝室に置けば安眠効果も期待できます。リビングに、寝室に、子供部屋に是非ご活用下さい。

1台で約10坪の効果で半永久的！

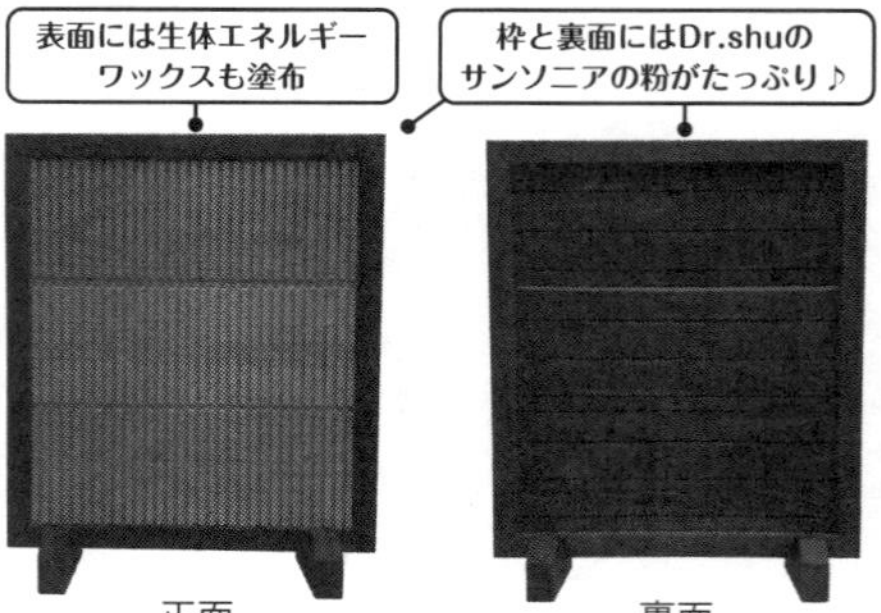
表面には生体エネルギー
ワックスも塗布
枠と裏面にはDr.shuの
サンソニアの粉がたっぷり♪

正面　　裏面

※生体エネルギー理論とは「物質そのものが持っているエネルギーを整え、能力を高める」というものです。

サンソニア息楽《いきらく》杉スリット　88,000円（税込）

素材：川上産吉野杉　サイズ：縦50mm×横46mm×厚さ28mm

【使用方法】　霧吹きでパネルに水を吹きかけると、杉スリットの効果が高まります。　＊体感には個人差がございます。

ご注文はヒカルランドパークまで TEL03-5225-2671　https://www.hikaruland.co.jp/

＊ご案内の価格、その他情報は発行日時点のものとなります。

ヒカルランド　好評既刊!

地上の星☆ヒカルランド　銀河より届く愛と叡智の宅配便

世界をだました５人の学者
人類史の「現代」を地獄に墜とした
悪魔の"使徒"たち
著者：船瀬俊介
四六ソフト　本体 2,500円+税

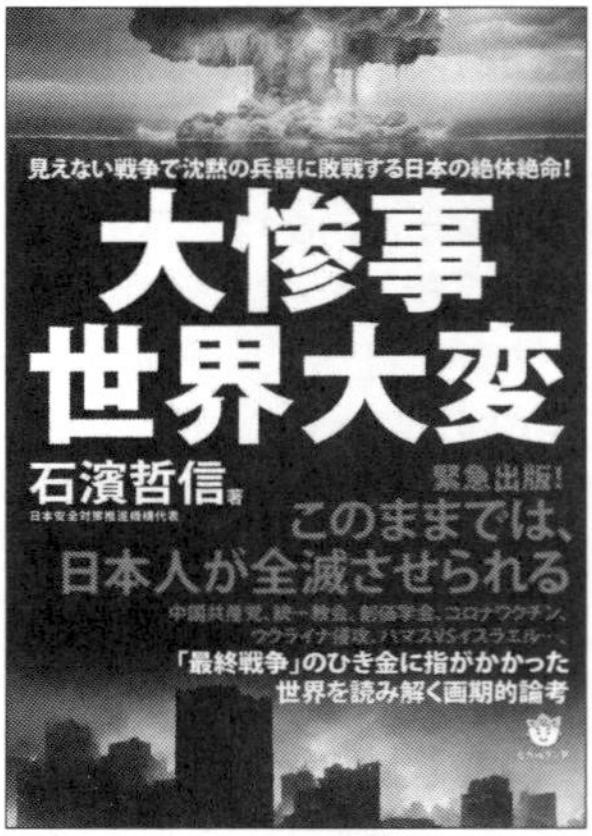

大惨事世界大変
著者：石濱哲信
四六ソフト　本体1,800円+税

ヒトラーは英国スパイだった！　上巻
著者：グレッグ・ハレット&スパイマスター
推薦・解説：船瀬俊介
訳者：堂蘭ユウコ
四六ソフト　本体3,900円+税

ヒトラーは英国スパイだった！　下巻
著者：グレッグ・ハレット&スパイマスター
推薦・解説：内海聡
訳者：堂蘭ユウコ
四六ソフト　本体3,900円+税